供电企业社会责任管理工具丛书

U0657858

你用电·我用心
Your Power Our Care

社会责任边界管理手册

国家电网公司　编

中国电力出版社
CHINA ELECTRIC POWER PRESS

序

自 1916 年克拉克首次提出企业社会责任思想以来，百年光阴已逝。这 100 年来，企业社会责任出现过几次大争论、大发展，西方国家由此在商业伦理和企业社会责任方面领先于众多发展中国家好几个"身位"。然而近十年以来，在中央企业的引领和示范下，中国企业社会责任发展掀起了一波新的热潮。截至 2016 年底，中国企业每年发布的社会责任报告已经超过 2600 份。不少中国企业的社会责任实践已经达到世界一流水准，或具备国际示范效应。

我国已将企业社会责任上升为国家意志、国家政策和国家战略。2012 年底的中央经济工作会议明确提出要"强化大企业的社会责任"；十八届三中全会将"承担社会责任"作为深化国有企业改革的六项重点工作之一；十八届四中全会特别指出要"加强社会责任立法"；十八届五中全会提出"加强国家意识、法治意识、社会责任意识"。一系列的方针政策为企业社会责任的全局性推动提供了必要的制度支持。

对社会负责任的企业行为是有效的企业内外部制度安排的结果。在党中央、国务院的积极引导和激励下，在中国企业特别是中央企业的持续推动下，社会责任在中国已经从无到有，从理念的舶来品到真正植根于中国企业的发展语境。履行好企业应当承担的社会责任，为实现全社会的可持续发展贡献力量，已经成为社会各界的共识。

但在推进社会责任融入企业运营管理的过程中，不少企业都遇到了一个同样的难题：社会责任"看起来很美"，道理听起来"头头是道"，可一旦要应用的时候却总是"油是油，水是水"，让人无法融会贯通、得心应手。

其实这个西方舶来品来到中国"水土不服"，一个重要原因是，企业社会责任理论在语义上有一层"坚硬的外壳"，严重影响着践行者的认知、理解和应用。由于社会责任运动在我国，无论是理论研究，还是实践操作，都还处于起步阶段，我们要了解和运用它确实存在不少先天不足的困难。要超越这些困难和挑战，我们就特别需要"将复杂的问题简单化""将具体内容逻辑化、结构化、图示化"，即将社会责任理论与具体的产业、行业、企业业务有机地结合起来，根据不同的情景，提供不同的解决方案，制造不同的应用工具。

供电企业作为提供公共产品与服务的基础产业，既是服务千家万户的可靠供电保障主体，也是关系国计民生的能源战略实施主体，同时还是公众高度关注的社会资源配置主体。供电企业的公共事业属性，决定了其肩负着重大的政治、经济与社会责任，必须服务于经济社会和人民生活发展，实施电力普遍服务。近年来，我国供电企业一直积极履行社会责任，自觉追求社会综合价值最大化，不断推动社会责任融入企业日常经营与管理，很好地发挥了引领和示范作用。同时，作为运营受到社会广泛监督，重大决策只有得到政府许可、社会认同、公众支持才能付诸实施的公用事业企业，供电企业最有意愿将社会责任理念融入日常的运营管理，也最迫切需要一套系统、实用的导入工具。

这套社会责任管理工具丛书，就是要将社会责任的各种理论和方法进行整体逻辑化、结构化、图示化的解读，使应用者能够在短时间内有效地理解、掌握和运用。我们相信，这套丛书对于我国供电企业，甚至是所有企业全面了解、系统掌握和熟练应用社会责任理念、方法和工具，将起到重要的指导和借鉴作用，必将对我国企业社会责任理论与实践的发展起到重要的促进作用，对中国经济社会可持续发展和企业更好地履行社会责任产生重要而深远的影响。

视野成就高度，责任创造价值。虽然中国企业社会责任发展还处于量变的积累阶段，取得实质性变化仍需各方长期努力，但我们有信心，通过不懈的努力和探索，与社会各方携手应对全球经济社会所面临的巨大挑战，推动世界社会责任与可持续发展运动的蓬勃发展。

国家电网公司董事长、党组书记

前言

当前，企业履行社会责任已经成为全社会的广泛共识，党和国家领导人高度重视企业社会责任。党的十八届三中全会将"承担社会责任"作为国有企业改革的六项重点工作之一；党的十八届五中全会提出要"加强国家意识、法治意识、社会责任意识"。这些都充分表明要从国家战略的高度认识企业社会责任，履行好企业应当承担的社会责任。

供电企业作为关系国家能源安全和国民经济命脉的国有重要骨干企业，肩负着重大的政治、经济与社会责任。但是，供电企业在服务党和国家工作大局、服务电力客户、服务发电企业和服务经济社会发展的同时，面临着日益增多甚至超出企业责任范畴的社会期望，承担着超出企业履责能力的要求。

企业以盈利为目标的本质属性和企业资源的有限性决定了企业不可能承担无限的社会责任。但在实践中，由于社会责任的内涵丰富，不同社会主体对企业社会责任的理解和认识有一定的差别，这在特定情况下会产生对企业行为是否负责任的不同认识，进而导致对企业行为的质疑，甚至引发争议和冲突。因此，企业要正确地履行社会责任，首先必须明确自身社会责任的内容和边界。在企业履责实践中，企业的责任边界在哪里，即哪些事情企业应当做、应当如何去做、哪些事情企业不应当做等，都需要一套科学合理的分析与决策工具，来指导企业用负责任的方式解决具体问题。

有边界的责任担当才能换来优势互补、合作共赢以及对社会的持续最大化贡献。通过有效的责任边界管理，实现社会各方对企业社会责任的一致认识，促进企业与各利益相关方的利益认同、情感认同和价值认同，最大限度地创造经济、社会和环境的综合价值，这对于全面提升履责绩效，实现供电企业的战略目标具有十分重要的意义。

国家电网公司研究社会责任边界管理的理论与方法，编制了《社会责任边界管理手册》，清晰界定了社会责任边界概念的内涵与外延，构建了社会责任边界管理流程，开发了 7 个责任边界管理工具，选定供电企业日常运营中具有代表性的 10 个典型责任边界问题进行深入分析，为企业更好地履行社会责任做出了有益的探索。

本手册结合国家电网公司多年社会责任理论基础和实践经验，旨在为供电企业普及社会责任边界管理理念提供知识读本，为供电企业社会责任边界管理提供案例参考和操作指南，促进社会责任管理融入企业战略、重大决策和生产经营中，进一步提升供电企业精益化管理水平和综合价值创造能力。

目录

C

概念篇
CONCEPT

M

方法篇
METHOD

C 概念篇
CONCEPT

M 方法篇
METHOD

P 实务篇
PRACTICE

M 工具篇
MEANS

P

实务篇
PRACTICE

M

工具篇
MEANS

C 概念篇
CONCEPT

M 方法篇
METHOD

P 实务篇
PRACTICE

M 工具篇
MEANS

C
CONCEPT
概念

M
METHOD
方法

P
PRACTICE
实务

概念篇
CONCEPT

社会责任边界管理的背景和意义

当前，供电企业面临着广泛而繁多的社会责任，在履行社会责任的实践过程中，供电企业与个别利益相关方之间由于对双方责任与权利的认知、理解存在差异，加之存在制度性原因等影响，造成利益相关方对供电企业及其服务的片面认识和误解时有发生，阻碍了供电企业各项业务的正常开展，限制了其履责能力的持续提升，给供电企业的企业形象带来不利影响。

供电企业不是政府或公益组织，要受到发展战略目标和有限资源的约束，只有在保持自身可持续发展能力的同时，才能更好地服务经济社会发展需要。因此，有必要开展社会责任边界管理，确定科学合理的社会责任边界，平衡企业追求自身经济效益与服务经济社会发展的责任履行，不断推动综合价值创造最大化目标的实现。

基于此，国家电网公司立足实际，以责任边界管理为核心，搭建企业与利益相关方之间履责预期动态平衡机制，通过对各方利益诉求分析、相关政策法规梳理和对合理责任范围的科学界定，探索实现企业与社会、政府、客户等利益相关方互利共赢的运营模式，努力实现供电企业与多个主体间的情感认同、利益认同和价值认同。

公司积极将责任边界管理理念应用于供电企业电网规划、电网建设、电网检修、营销服务等多个领域，探索科学有效的责任边界管理模式，促进社会责任管理融入企业管理提升，推动企业管理层更加深入地思考企业和电网发展与利益相关方的关系及其社会价值，更加广泛地赢得社会公众的理解与认同，进一步夯实企业和电网科学发展的社会基础。

开展全面社会责任管理的创新抓手

供电企业日常运营中面临的众多社会矛盾、社会问题都与责任边界有关，开展社会责任边界管理正是对供电企业社会责任管理的开拓和创新，通过梳理和界定责任边界，逐步实现责任内容具体、责任主体清晰、责任目标明确，是更具针对性和更有着力点的社会责任管理手段。

营造良好内外部发展环境的重要途径

开展社会责任边界管理，可以有效处理供电企业与各利益相关方的关系，通过优化责任边界建立各方利益再分配和利益平衡机制，并依托具体的管理措施加以落实，促进供电企业与利益相关方目标趋同，实现供电企业与利益相关方的和谐相处，为供电企业创造良好的内外部发展环境。

推动全面建设法治企业的有效保障

"坚持依法治企，防范法律风险，保障企业安全"是供电企业重要且迫切的任务。通过开展社会责任边界管理，对与供电企业运营相关的各类法律法规和政府政策进行研究，明确供电企业的法律责任边界，使运营行为时刻处于受法律保护的阳光地带，全面推动法治企业建设。

什么是社会责任边界

社会责任边界的定义

社会责任边界就是指企业承担社会责任的限度和范围。企业的社会责任不是无限的，而是受内外部条件的约束，有一定的限度和范围，这些限度、范围就构成了企业的社会责任边界。企业社会责任边界在概念上又分为政策法规边界、现实边界和理想边界三重边界。

社会责任边界分析模型

政策法规边界

政策法规边界指当前的法律、法规、政策、标准中对企业以及利益相关方在某个具体问题上划定的职责范围。政策法规边界是进行社会责任边界管理的重要参考依据和行事准则。

现实边界

现实边界指实际工作中企业和利益相关方各自的履责状态。受现实因素影响，企业或利益相关方可能会做超越政策法规边界要求的事情，包括过度履责或违规等；或各方对政策法规边界的认识未达成统一清晰的共识，给实际工作带来困扰，引发一系列社会矛盾和问题。

理想边界

理想边界指是企业基于政策、法律、法规，履责意愿和能力，利益相关方诉求、社会道德及价值认知等各方面因素，与各利益相关方充分沟通、协调后达成的平衡状态，是符合综合价值最大化的理想状态，也是进行社会责任边界管理的目标追求。

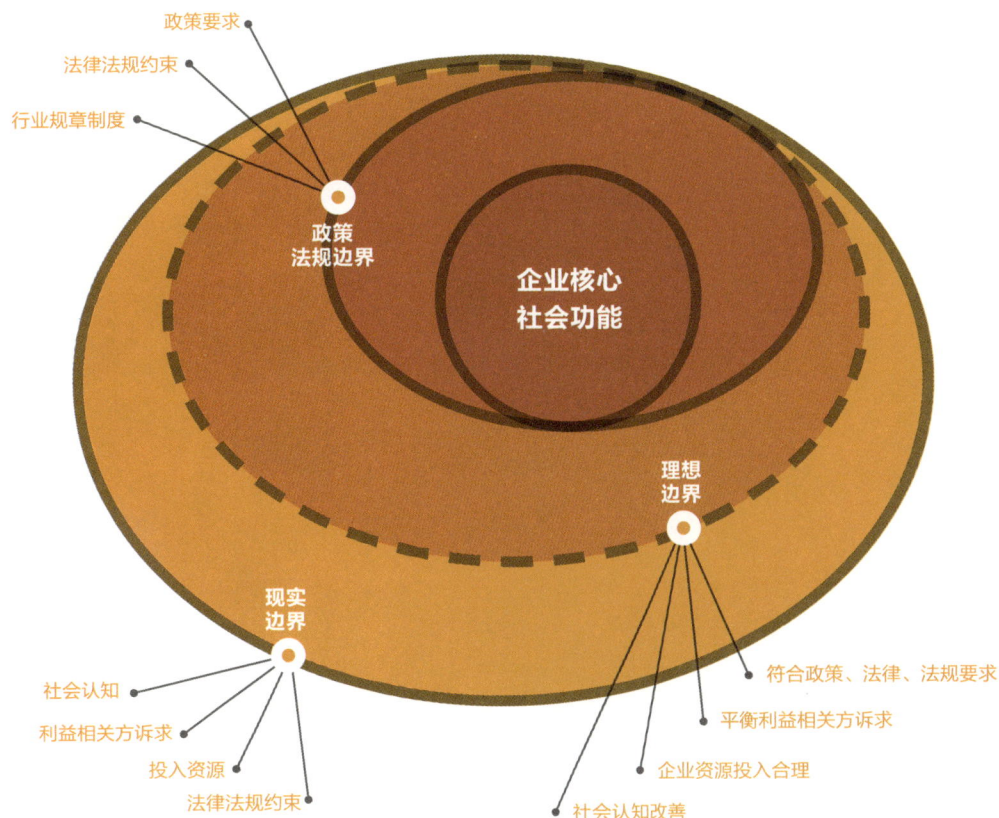

政策要求
法律法规约束
行业规章制度

政策法规边界

企业核心社会功能

理想边界

现实边界

社会认知
利益相关方诉求
投入资源
法律法规约束

符合政策、法律、法规要求
平衡利益相关方诉求
企业资源投入合理
社会认知改善

社会责任边界的特点

供电企业的核心价值观、使命、宗旨构成的社会责任理念、思想以及所遵守的政策、法律、法规均具有相对稳定性，因此企业应当履行的社会责任内容也具有一定的稳定性。

稳定性与动态性相结合

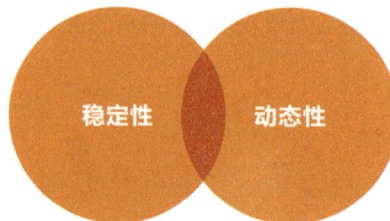

稳定性 **动态性**

供电企业面临的社会问题是动态变化的，利益相关方的期望和要求也处于动态变化过程。因此，供电企业为促进重大社会问题解决、满足和回应利益相关方期望所要投入的资源和采取的措施也具有动态性。

供电企业履行社会责任所遵循的政策、法律、法规具体而明确，各项社会责任标准指南也都对企业社会责任的内容提出了明确要求和具体指标，因此企业核心社会功能的内容是清晰的。

清晰性与模糊性相结合

清晰性 **模糊性**

供电企业在运营中涉及具体工作或特定事件时，由于各方利益诉求不一致、缺乏可操作的管理工具等原因，往往无法有效确定合理履责方式和承担的责任大小程度，具有一定模糊性。

社会责任边界是在合规的前提下，通过利益相关方参与，在供电企业与社会各方的互动过程中形成的，这一过程是开放的。

开放性与融合性相结合

开放性 **融合性**

社会责任边界不是非内即外的边界点，而是一个可以为供电企业与各利益相关方共同接受的边界域。

什么是
社会责任
边界管理

社会责任边界管理是指供电企业通过识别、分析、策划、实施、监督、控制等一系列手段，使自身与利益相关方彼此了解供电企业应当履行的社会责任的内容及履行方式等，并推动各方采取措施缩小存在的认知与诉求差异，使之达到合理范围的行动和过程。

社会责任边界管理的主体

供电企业是社会责任边界管理的主体，同时在开展社会责任边界管理过程中，针对具体问题，应当适当引入最具优势的利益相关方，通过沟通、协作，共同推进问题的解决。

社会责任边界管理的对象

供电企业开展社会责任边界管理的对象是供电企业与外部利益相关方、社会发生互动的具体运营活动，如电网建设、电网规划、电网运行等各项活动。

社会责任边界管理的目标

社会责任边界管理的目标是通过全面考虑国家和地方政策法规要求、外部利益诉求与公司履责能力等现实条件，合理确定企业工作的内容、方式与范围等，并主动采取综合沟通协调等措施，实现各方利益平衡、共赢的合理状态，有效保障公司各项业务工作的顺利开展。

社会责任边界管理的原则

供电企业需要考虑自身资源、履责能力的约束确定履责的内容和目标，避免无限履责、过度履责对企业发展的束缚。

供电企业要遵循社会分工，充分发挥各方优势、综合考虑各方利益，实现资源的合理配置。

适度履责

合作共赢

透明原则

可持续原则

供电企业应主动回应公众需求，及时提供清晰、准确的信息帮助公众了解企业经营活动及重大项目的影响，增加大众对企业的信任和认可。

供电企业在界定责任边界、明确履责内容时，需着眼未来，追求经济、社会和环境的综合价值最大化，促进自身和社会的可持续发展。

C 概念篇
CONCEPT

M 方法篇
METHOD

P 实务篇
PRACTICE

M 工具篇
MEANS

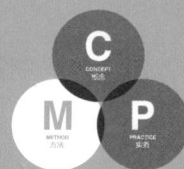

方法篇
METHOD

C 概念篇
CONCEPT

M 方法篇
METHOD

P 实务篇
PRACTICE

M 工具篇
MEANS

社会责任
边界管理
成效评估

成效评估
阶段

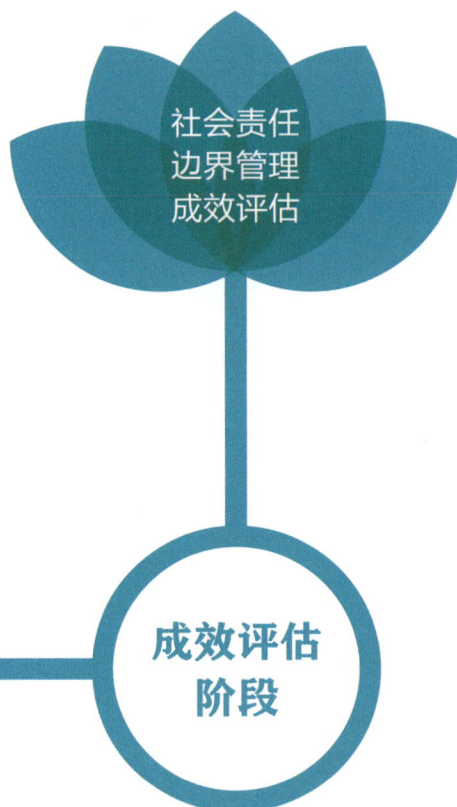

对实施的效果进行总结、评估，具体的评估
指标包括：问题是否得到解决、问题得到多
大程度的解决、解决结果是否符合利益相关
方期待等，通过总结评估实现经验的沉淀、
不断优化方案改进实施效果。成效评估的具
体指标和操作方法可参考第四章工具篇之责
任边界评价工具。

在社会责任边界分析的基础上，以内部关键利益相关方为主要牵头部门，为解决该边界问题制定系统方案。此过程需要注意的有两点：第一，方案的制定需要考虑发挥各利益相关方的优势，不能仅凭一己之力去解决问题；第二，制定方案时需以问题的长效和高效解决为现实目标，以实现综合效益最大化为根本目标。

社会责任边界管理阶段是最为关键的环节，包括基于前期问题分析和边界分析结论，制定社会责任边界管理方案，并推动方案在企业内外部实施。具体边界管理工作可参考运用第四章工具篇中责任边界管理工具的相关方法。

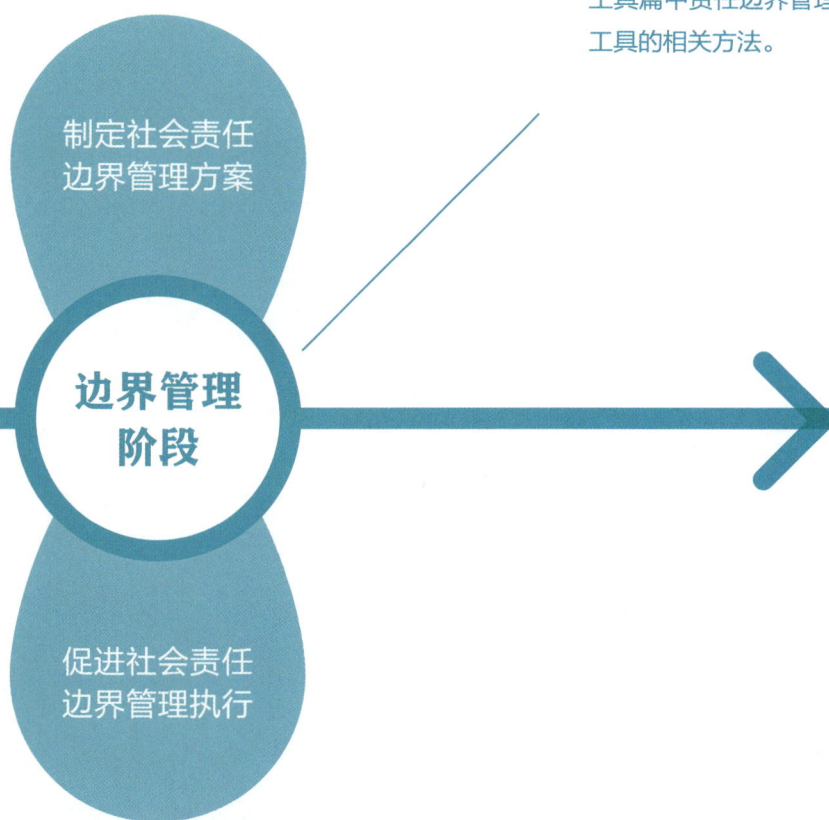

制定社会责任
边界管理方案

边界管理
阶段

促进社会责任
边界管理执行

该阶段以方案的实施、落地为主，需要充分发挥对解决该问题有重要影响力的利益相关方的优势，值得注意的是，在实施过程中要不断保持沟通和修正。所谓沟通，是指加大社会传播工作力度，促使政府、公众等社会各方从根本上认同企业针对具体问题的合理主张；所谓修正，是指能够根据现实情况不断修正问题的解决方案，让方案适应问题的解决，而不是让问题来适应最初解决方案。

社会责任边界
管理手册

社会责任边界
管理手册

C concept 概念
M method 方法
P practice 实务

实务篇
PRACTICE

电网规划选址

01

随着城市化建设的加快，地方规划调整频繁，局部地区电网规划布点存在不足。虽然电网规划在编制、选址、选线过程中与地方政府进行了深度对接和沟通，但受制于电源建设、重大招商引资项目、大客户和园区建设时序等易发生变化的不确定性因素影响，电网规划选址也会出现一些偏差。

社会责任边界问题识别

**电网规划选址的
责任边界问题主要有两方面：**

供电企业与地方政府之间的规划编制沟通不足。这导致了电网规划与地方规划的不匹配，而电网规划建设与城市规划协调度不足，则加大了地方政府规划部门的审批难度。同时，一旦双方在选址用地等问题上发生冲突或临时变更，将给供电企业造成巨大的损失。

供电企业与规划线路周边社区居民之间沟通不足。这导致居民对周边的电网规划建设存在不满，认为电网规划建设影响了自身生活质量、健康安全，进而阻挠规划落地、电网施工。

电网规划选址的利益相关方识别与分析

利益相关方		权责	诉求	影响力
内部利益相关方	发展策划部	● 深化"543"管理体系（5年规划、4年前期、3年计划），持续推进开工项目预安排 ● 加强与基建前期的协同，促进工程相关外部条件的锁定，加强相关制度建设 ● 将电网规划纳入地方发展规划和控制性详细规划，保护规划站址和走廊	● 与政府相关部门实现良好的沟通合作，保证"两个规划"有机衔接 ● 争取周边居民的理解与支持，减少因电网规划引起的纠纷问题 ● 引导公众正确认识电网规划及建设，提升企业形象	● 与政府的沟通协调直接关系到电网规划能否与地方发展规划有机协调 ● 与公众的有效沟通是避免冲突发生的必要手段 **影响力星级** ★★★
	建设部	● 负责参与项目科研、设计方案审查 ● 负责论证选址地点合理性及与其周边利益单位关系 ● 负责项目环境影响评估、地质灾害及压矿评估、雷电风险评估、消防备案等相关评估与验收工作	● 与相关部门就电网建设达成一致意见，避免重复建设 ● 减少与公众的利益冲突	● 就电网规划建设相关信息对公众进行疑问解答，开展耐心疏导 **影响力星级** ★★★

利益相关方		权责	诉求	影响力
外部利益相关方	地方发展改革委	● 组织编制国民经济、社会发展的中、长期规划和年度计划，并监督、检查计划执行情况 ● 制定总量平衡、发展速度和结构调整的目标及调控政策，衔接、平衡区域及行业规划 ● 确保规划、计划和产业发展政策的顺利实施 ● 组织编制城市基础设施发展规划、计划，组织制定和协调交通、能源、环境建设规划和政策	● 电力建设服务地方经济社会发展，同时兼顾环境保护 ● 避免冲突事件影响社会稳定	● 电力设施建设要满足地方发展需要，服务地方产业发展需要 **影响力星级** ★★★★
	地方政府规划部门	● 组织编制各级城乡规划体系并监督规划执行 ● 负责建设项目的规划选址、建设用地和建设工程的规划管理与用地许可证颁发 ● 负责建设工程验线和竣工规划核实工作	● 电力规划符合地方发展总体规划、相关规章规范，兼顾环境保护 ● 避免规划选址造成的冲突事件对社会稳定发展造成不良影响	● 政府的行政力量支持是化解矛盾的有效办法 ● 与地方发展规划相适应可以避免后期重复建设 **影响力星级** ★★★★
	地方政府环保部门	● 制定和监督实施地方环境管理办法、环境保护措施，以及地方环境保护规划、重点区域或重点流域的污染防治规划及生态保护规划 ● 开展环境影响评价与审核	● 供电企业严格落实环保相关标准，选址避让功能区、保护区，避免影响生态环境 ● 避免环境纠纷对社会稳定发展造成不良影响	● 环保部门公开电网规划建设的相关数据有助于消除公众的猜测与疑虑 **影响力星级** ★★★★
	周边居民、社会公众		● 避免输电线路跨房、与变电站比邻而居影响健康、安全 ● 防止输电线路造成房屋贬值	● 在选址规划阶段，密切关注周边居民的想法，可以防止对项目建设造成不良影响 **影响力星级** ★★★★★ ● 公众能够理解电网规划对地方发展的积极贡献，可以有助于电网建设的顺利进行 **影响力星级** ★★★

注： 这里的影响力星级指各利益相关方在解决社会责任边界问题时所发挥的影响力大小。影响力星级从一星到五星，代表影响力水平如下：

★
对解决社会责任边界问题发挥的影响力极小

★★
对解决社会责任边界问题发挥的影响力较小

★★★
对解决社会责任边界问题发挥的影响力一般

★★★★
对解决社会责任边界问题发挥的影响力较大

★★★★★
对解决社会责任边界问题发挥的影响力极大

社会责任三重边界分析

政策法规边界

国家相关政策法规对电网规划与建设有明确的规定，电网规划与建设过程中需要严格遵循相关政策、法律和法规。

相关法律法规	具体规定
《城乡规划法》	● 第三十六条 按照国家规定需要有关部门批准或者核准的建设项目，以划拨方式提供国有土地使用权的，建设单位在报送有关部门批准或者核准前，应当向城乡规划主管部门申请核发选址意见书
《城市电力规划规范》	● 7.5.6 市区内规划新建的35千伏以上电力线路，在下列情况下，应采用地下电缆：在市中心地区、高层建筑群区、市区主干道、繁华街道等；重要风景旅游景区和对架空裸导线有严重腐蚀性的地区
《电力设施保护条例》	● 第九条 电力线路设施的保护范围： ● 架空电力线路：杆塔、基础、拉线、接地装置、导线、避雷线、金具、绝缘子、登杆塔的爬梯和脚钉，导线跨越航道的保护设施，巡（保）线站，巡视检修专用道路、船舶和桥梁，标志牌及其有关辅助设施；电力电缆线路：架空、地下、水底电力电缆和电缆联结装置，电缆管道、电缆隧道、电缆沟、电缆桥，电缆井、盖板、人孔、标石、水线标志牌及其有关辅助设施；电力线路上的变压器、电容器、电抗器、断路器、隔离开关、避雷器、互感器、熔断器、计量仪表装置、配电室、箱式变电站及其有关辅助设施；电力调度设施：电力调度场所、电力调度通信设施、电网调度自动化设施、电网运行控制设施 ● 第十条 电力线路保护区： ● 架空电力线路保护区：导线边线向外侧延伸所形成的两平行线内的区域，在一般地区各级电压导线的边线延伸距离如下：1～10千伏5米；35～110千伏10米；154～330千伏15米；500千伏20米；在厂矿、城镇等人口密集区，架空电力线路保护区的区域可略小于上述规定。但各级电压导线边线延伸的距离，不应小于导线边线在最大计算弧垂及最大计算风偏后的水平距离和风偏后距建筑物的安全距离之和 ● 电力电缆线路保护区：地下电缆为电缆线路地面标桩两侧各0.75米所形成的两平行线内的区域；海底电缆一般为线路两侧各3704海里（港内为两侧各100米），江河电缆一般不小于线路两侧各100米（中、小河流一般不小于各50米）所形成的两平行线内的水域

现实边界

- **供电企业审批程序不规范。** 由于工期紧、任务重，部分供电企业存在重工期、重承诺、轻规则、轻程序等情况，增加了企业的法律风险。

- **电网规划缺少公众参与。** 部分供电企业在规划选址阶段没有做好周边居民的沟通工作，缺少对舆情的掌控，导致后期项目规划受阻、施工受阻情况的发生。

- **政府存在越界行为。** 部分基层政府审批手续办理拖沓，审批过程存在瑕疵，导致供电企业陷入被动等待局面。

供电企业

周边居民

电网规划选址

政府

- **居民对电网规划选址存在异议。** 部分居民认为供电企业无权征用土地，或是认为选址近居民区会对自身健康造成威胁，进而阻挠电网规划、建设。

- **居民感受与法定标准不同步。** 在噪声影响等问题上，虽然电网工程建设符合环境保护标准，但居民仍感受到生活环境受到噪声侵扰。

理想边界

地方政府、供电企业、居民等各利益相关方都坚守底线，在法律框架内履行各自的责任和义务，避免违规违法及忽视法律、标准的行为发生。

供电企业与地方政府在规划选址上的权力、职责有清晰、合理的划分，避免责任混淆、推诿或过度履责。

坚守底线原则

责任边界清晰

理想状态下电网规划选址应该实现

平衡利益诉求

信息透明畅通

在坚守政策法规原则的基础上，结合具体个案和特殊现实，创新工作方法、沟通方法和利益分配机制，确保政府、企业和居民各方在电网规划中的利益诉求都能得到平衡。

电网规划过程保证信息交流畅通，降低由于地方规划更改而给供电企业带来的损失，并及时向周边居民公开相关信息，居民的意见诉求也能够充分为决策者所知晓。

社会责任边界
问题解决方案

● 首先，供电企业应在规划前期便与政府加强沟通，保障电力规划符合城市发展规划要求。

● 其次，规划修订阶段也要加强与政府的沟通协作，推动建立城市发展规划与电网规划沟通平台，进行政府职能管理部门、城市发展规划部门、土地管理部门和电力规划部门等参加的城市发展与电网规划的定期对接，就城市公共设施用电、工商业用电、居民生活用电所需要的用电指标、用电负荷密度、用地情况、所处地理位置等方面做好数据互换，搭建沟通平台，形成机制。

● 最后，努力获取政策支持，通过简化手续提高审批效率，提速电网建设，实现政府与供电企业的双赢。

加强与政府
规划部门的
沟通协作

**社会责任
边界问题
解决方案**

加强与政府
环保部门的
沟通协作

重视
电网规划阶段的
公众参与

● 供电企业应认真落实环保部门要求，项目开展前做好环境影响评价，项目实施过程中降低对周边环境的影响，出现环境风险事件要及时上报，与环保部门协商解决。

● 将项目前期工作中的征求、签署选址位置及周边沿线意见征集工作提前至规划设计（布点）阶段。在正式的电力专项规划出台前，规划院应较早地做好收集规划、国土、林业等职能部门及镇（街）、村（社）等相关单位的意见，从而落实规划设计选址（布点）的合理性和可行性，为下阶段可研前期提供依据，避免因规划与选址间的矛盾造成规划修编或调整。

案例分析

国网重庆江北供电公司：有效沟通化解电网规划难题

重庆市江北区观音桥片区经济发展迅速，电网负荷密度较大，用户对供电质量和供电可靠性有很高的要求。220千伏龙头寺输变电工程的建设将满足当地及周边龙头寺片区较高的负荷增长速度，有助于优化重庆地区电网，不断提高供电可靠性。但由于该工程规划地处市区主干地，周边环境较为复杂，主要以商贸、居民住宅区为主，周边小区居民强烈反对变电站规划建设，还发生了聚众上街堵马路的阻工事件，导致电网规划选址一再搁置，电网建设工程停滞不前。

问题界定

影响电网规划落地的责任边界冲突主要来自两个方面：一个是供电企业与地方政府之间的规划编制缺乏有效沟通协调机制，导致电网规划与地方规划的不匹配，从而在选址用地等问题上发生冲突或临时变更；另一个是供电企业与规划线路周边社区居民之间缺乏有力的沟通协商机制，导致发生江南花园小区阻工事件。解决电网规划落地问题的关键在于与政府、居民等利益相关方建立有效的沟通、协调和对话机制，让电网规划、建设适应地方经济社会发展需求。

本案例涉及利益相关方

供电企业　发展改革委　规划局　受偿居民

三重边界分析

利益相关方	政策法规边界	现实边界	理想边界
供电企业	<ul><li>依法申请办理用地、水土保持、环境保护、地下埋藏物等各项手续</li><li>严格履行报批、审核程序</li><li>依法公开信息</li></ul>	<ul><li>电网规划与城市发展规划不匹配</li><li>与周边居民沟通不畅</li></ul>	<ul><li>电网规划顺利落地</li><li>与政府建立良好的沟通协调机制</li><li>获得公众理解支持</li></ul>
发展改革委	<ul><li>根据国家政策、法规，结合地区实际制定发展规划</li><li>协调、监督规划实施</li></ul>	<ul><li>电力设施建设不能满足区域发展要求</li></ul>	<ul><li>电力设施建设满足发展需求</li></ul>
规划局	<ul><li>依法办理用地、水土保持、环境保护、地下埋藏物等各项行政批复</li><li>严格执行审批、核准程序</li></ul>	<ul><li>电网规划与城市发展规划不匹配</li></ul>	<ul><li>减少纠纷事件对社会稳定的影响</li><li>电力设施建设满足发展需求</li></ul>
周边居民	<ul><li>依法保护自身权益</li></ul>	<ul><li>反对周边电网规划、建设</li></ul>	<ul><li>理解、支持电网规划建设</li></ul>

解决方案

国网重庆江北供电公司与政府部门成立联合指挥部，促进各方资源整合。针对电网规划和地方经济发展规划不匹配等问题多次召开工程协调会并及时调整规划方案，保障电网建设满足经济、社会发展需要。

国网重庆江北供电公司结合小区附近的 110千伏现有变电站进行对比宣传，让公众对电磁环境影响的定义、产生、危害、防护有科学的认知，消除对电网规划建设的抵触情绪。

国网重庆江北供电公司主动打通江南花园小区与龙头寺公园通道，方便该小区居民出行；利用地形高差，使面向居民小区一侧为客户服务中心，变电站侧位靠公园，居民感官影响较小，并合理利用建筑结构修建小型公共活动区域，得到了小区居民的认可与支持。

主要成效

通过与居民的良好沟通，逐渐改变了居民对于电网规划建设的态度，由于居民的理解与支持，工程得以顺利完工。

获得了周边居民的认可

建立了良好的政企沟通关系

满足了地方经济发展需求

工程不仅解决了日益突出的电网供需矛盾，也在沟通过程中与政府相关部门建立起了良好的合作关系，得到了政府的认可和赞誉。

220 千伏龙头寺变电站及其 110 千伏送出工程于 2013 年 6 月成功投运。作为重庆地区第一座 220 千伏全户内智能变电站，该工程为区域电网架构提供强有力的支撑，为区域经济的增长和居民用电可靠性的提高提供了有力保障。

简评

供电企业可以借鉴该案例的问题解决思路：
加强与政府的沟通协商，
解决长期以来电网规划与地方规划不协调的问题；
积极回应周边居民的诉求，
成功使居民的态度实现由"反对"到"支持"。

电网建设施工受阻

02

电网建设施工受阻主要指由电网建设过程中的利益补偿纠纷，公众对环境保护、安全的顾虑等原因引起的阻工现象。具体表现为：施工现场围堵；占用公路堵塞交通；阻碍规划、环保、电力等部门正常开展工作；上访、投诉等。频繁发生的施工受阻问题严重影响了电网工程的顺利投产，造成了不良社会影响，而供电企业的性质和权限决定了施工受阻的出现及引发的矛盾和纠纷，很难凭借一己之力予以解决。

社会责任边界问题识别

电网建设施工受阻涉及的责任边界问题主要有两大类：

利益补偿问题。部分地区对于占地、地上物、房屋拆迁等补偿缺少统一标准，居民对征地、拆迁后的生活保障和补偿不满意，进而发生纠纷；另外，供电企业对于土地征收、补偿的手续不规范也会导致冲突的发生。

环境保护及安全问题。建设工程周边居民对电力设施高度敏感，担心变电站、高压线会存在电磁辐射、高压触电等隐患，因此阻挠施工。

电网建设施工受阻的利益相关方识别与分析

利益相关方		权责	诉求	影响力
内部利益相关方	建设部	● 负责组织区县、乡镇政府协调及施工外部环境协调 ● 负责线路塔基土地永久性占用及补偿；配合协调安排开挖余土的堆放场地及费用 ● 负责走廊内建、构筑物及林木、青苗、经济作物、城市绿化、电力线路、通信线路、厂矿、军事、水利设施等迁移补偿和余物清理 ● 负责道路、管道、风景区、动文物保护区等迁移补偿 ● 负责系统外线路及施工企业承担跨越职责外的其他跨越协调和补偿，及通信设施防送电线路干扰补偿 ● 负责配合属地电网工程项目环保、水保等竣工验收及投诉处理 ● 负责向阻工单位和个人宣传解释工程建设相关法规、噪声影响、环境保护等相关内容	● 与政府相关部门建立良好的沟通合作 ● 争取周边居民的理解与支持，减少因占地、拆迁补偿引起的纠纷问题以及电网建设过程中的环保纠纷等问题，有序推进电网工程建设 ● 引导公众正确认识电网建设及相关影响，提升企业形象	● 与政府、周边居民和社会公众的沟通协调水平直接关系到施工受阻问题能否顺利解决，以及电网工程的顺利推进。但供电企业的性质和权限制约了其解决冲突的能力 **影响力星级** ★★★
	安全监察质量部（保卫部）	● 负责电网建设现场安全生产监督，消除电网工程建设对施工人员及周边居民的安全隐患 ● 负责协调配合公安机关维护遇阻施工现场的生产建设秩序 ● 负责协助配合公安机关和相关部门做好遇阻施工现场的调查取证工作	● 保障生产秩序，避免纠纷事件发生 ● 妥善处理施工受阻事件，避免冲突事件发生	● 就安全生产信息对公众进行疑问解答、耐心疏导，有助于化解公众误解；与公安部门的配合、依法举证可以避免事态扩大和激化。但供电企业没有执法权，制约了其处理问题 **影响力星级** ★★★

利益相关方		权责	诉求	影响力
外部利益相关方	规划局	<ul><li>组织编制市域城镇体系规划、城市总体规划、分区规划、近期建设规划、有关专项规划、控制性详细规划、重要地块的修建性详细规划</li><li>负责建设项目的规划选址、建设用地和建设工程的规划管理</li><li>负责核发《建设项目选址意见书》《建设用地规划许可证》《建设工程规划许可证》《乡村建设规划许可证》；负责建设工程验线和竣工规划核实</li><li>负责全市城乡规划实施的监督管理，组织检查城乡规划的执行情况，依法查处城乡规划违法违规行为</li></ul>	<ul><li>电力设施建设要服务地方经济社会发展，符合政府规划，兼顾生态环境保护，减少对环境的破坏</li><li>避免或减少占地、拆迁、补偿等问题对社会稳定发展造成的不良影响</li></ul>	<ul><li>电网建设作为市政建设的重要组成部分，必须符合城市总体规范和相关规程规范要求</li></ul>**影响力星级** ★★★★
	环保局	<ul><li>制定和监督实施地方环境管理办法、环境保护措施，以及地方环境保护规划、重点区域和重点流域的污染防治规划和生态保护规划</li><li>对重大项目开展环境影响评价</li><li>组织排污申报登记与排污许可、排污收费、环境影响评价、"三同时"等环境管理制度的实施</li><li>监督管理环境保护工作、资源开发活动，组织开展环境保护执法检查</li><li>调查处理重大环境污染事故的生态破坏事件及环境污染纠纷；处理和接待群众来信来访</li></ul>	<ul><li>电网建设严格落实环保相关标准，避免对生态环境造成不良影响</li><li>避免环境纠纷对社会稳定发展造成不良影响</li></ul>	<ul><li>环保部门公开电网建设的相关数据有助于消除公众的猜测与疑虑</li></ul>**影响力星级** ★★★★
	受偿居民、工程周边居民		<ul><li>获得合理补偿</li><li>避免输电线路跨房、与变电站比邻而居对健康、安全、房屋市价造成影响</li></ul>	<ul><li>受偿居民对补偿是否接受，直接决定是否会发生纠纷以及一旦发生纠纷能否得以妥善解决</li></ul>**影响力星级** ★★★★★ <ul><li>建设工程周边居民对电网施工的抵触情绪及行为，是阻碍电网建设的重要因素</li></ul>**影响力星级** ★★★★

社会责任三重边界分析

政策法规边界

相关法律法规	具体规定
《电力法》	● 第五十三条第三款 在依法划定电力设施保护区前已经种植的植物妨碍电力设施安全的，应当修建或砍伐 ● 第五十五条 电力设施与公用工程、绿化工程和其他工程在新建、改建或者扩建中相互妨碍时，有关单位应当按照国家有关规定协商，达成协议后方可施工
《电力设施保护条例》	● 第二十四条第一款 新建、改建或扩建电力设施，需要损害农作物，砍伐树木、竹子或拆迁建筑物及其他设施的，电力建设企业应按照国家有关规定给予一次性补偿 ● 第十条 电力线路保护区： 架空电力线路保护区：导线边线向外侧延伸所形成的两平行线内的区域，在一般地区各级电压导线的边线延伸距离如下： 1 ~ 10 千伏 5 米 35 ~ 110 千伏 10 米 154 ~ 330 千伏 15 米 500 千伏 20 米 在厂矿、城镇等人口密集区，架空电力线路保护区的区域可略小于上述规定。但各级电压导线边线延伸的距离，不应小于导线边线在最大计算弧垂及最大计算风偏后的水平距离和风偏后距建筑物的安全距离之和 ● 第十五条 架空电力线路一般不得跨越房屋。对架空电力线路通道内的原有房屋，架空电力线路建设单位应当与房屋产权所有者协商搬迁，拆迁费不得超出国家规定标准；特殊情况需要跨越房屋时，设计建设单位应当采取增加杆塔高度、缩短档距等安全措施，以保证被跨越房屋的安全。被跨越房屋不得再行增加高度。超越房屋的物体高度或房屋周边延伸出的物体长度必须符合安全距离的要求
《环境保护法》	● 第六十一条 建设单位未依法提交建设项目环境影响评价文件或者环境影响评价文件未经批准，擅自开工建设的，由负有环境保护监督管理职责的部门责令停止建设，处以罚款，并可以责令恢复原状 ● 第四十二条 排放污染物的企业事业单位和其他生产经营者，应当采取措施，防治在生产建设或者其他活动中产生的废气、废水、废渣、医疗废物、粉尘、恶臭气体、放射性物质以及噪声、振动、光辐射、电磁辐射等对环境的污染和危害

现实边界

占地、地上物、房屋拆迁补偿冲突

供电企业

- **供电企业征地、补偿等流程不规范。**部分供电企业没有严格按照相关规定办理手续，部分地区存在补偿费用不进入地方财政而直接补偿到受偿对象的情况。
- **供电企业存在过度履责。**在面临阻工事件时，为尽快解决问题，供电企业存在超出法律要求的过度赔偿等行为。

周边居民

- **部分居民对当前征地拆迁的政策法规边界认同度较低。**部分居民认为补偿标准过低，无力购买新居；个别居民超越政策法规边界漫天要价，补偿要求远远高于法定标准。

政府及相关部门

- **政府存在越界行为。**个别基层政府在拆迁补偿上的工作程序缺乏透明，存在违法违规行为；对待居民阻工要么采取过于强硬措施激发冲突矛盾，要么一味妥协停工给供电企业带来损失。

环保及安全纠纷

供电企业

- **供电企业对于电网工程的环评工作存在不足。**存在未及时进行环境影响评价、环境影响评价程序倒置、项目发生重大变更后未重新进行环境影响评价等情况。

周边居民

- **居民缺少对电网知识、环保标准的科学认识。**当前电磁环境等科普知识宣传仍不到位，居民对于架空线后土地发展空间受限、电磁辐射对身体影响等问题存在异议，认为与高压线、变电站比邻而居会影响生存环境。
- **居民感受与法定标准不同步。**在噪声等环境问题上，虽然电网工程建设符合环境保护相关标准，但居民仍然感受到生活环境受到侵扰。

政府及相关部门

- **法律标准制定过程缺乏公众参与。**当前电力与环保相关法律法规制定过程更多依赖于专家经验，缺乏充分的公众参与，公众对于环境的实际感受和需求没有充分纳入环保标准。

理想边界

责任边界清晰
供电企业与地方政府各自在征地拆迁问题上的权力、职责应该有清晰、合理的划分，避免责任混淆、推诿或过度履责。

坚守底线原则
地方政府、供电企业、居民等各个利益相关方都能坚守底线，在法律框架内履行各自的责任和义务，避免违规违法、忽视法律标准的行为发生。

平衡利益诉求
在坚守法律原则的基础上，结合具体个案和特殊现实，创新工作方法、沟通方法和利益分配机制，确保政府、企业和居民各方在电网建设中的利益诉求都能得到平衡。

信息透明畅通
电网建设全过程，关于征地拆迁与环境保护的信息都应该及时、全面地向周边居民公开，居民的意见诉求也能够充分为决策者所知晓。

社会责任边界
问题解决方案

电网建设虽然具有公益性、公共性特征，但供电企业属于民事主体，并受到相关法律的约束，因此供电企业应严格按照征地补偿管理办法和标准确定补偿，规范运作，杜绝"未办先开工、边办边开工"、独自全权操办等不规范情况的发生。同时，要清晰界定在征地补偿流程中供电企业与基层政府之间的职责和义务，督促基层政府透明合规实施补偿。

项目选址前，供电企业应充分调研项目所在地经济社会现状和居民生活水平，了解受影响群体的家庭、收入状况、对征地搬迁的态度，分析当地以往土地征拆纠纷历史和基层政府廉洁透明运作状况，充分评估项目建设的社会风险，对于高风险地区，酌情考虑更改选址或做足风险应急预案。

电力设施是公共基础设施，对地方经济社会发展具有重要意义。一旦施工遇阻，直接导致社会公共利益受影响。因此，供电企业应积极争取公安部门、建设部门、国土部门、扶贫办等政府相关部门及广大利益相关方的支持，建立多元化的合作机制，针对征拆过程中的具体问题制定创新性解决方案，协力应对施工遇阻难题。

及时与利益相关方沟通协调，并针对不同的利益相关方制定有针对性的沟通策略，获得利益相关方的理解和支持。对于地方政府，应注重价值沟通，从更全面宏观的视角看待电网建设给当地带来的社会价值与贡献；对于直接受影响居民，应注重情感沟通，站在对方立场主动考虑其困境，用协商合作的态度谋求利益共识；对于媒体和广大公众，应注重信息透明和理性克制，坚持阳光的征拆工作，赢得社会舆论的支持。

严格做好电网工程的环境影响评价工作，充分调研项目所在地生态与环境质量现状，分析工程建设、运行全过程对周边环境和生态的影响，了解周边居民对电网工程的意见，制定科学合理的项目选址与环境保护方案，从源头上避免和缓解电网工程的环境影响。

加强对公众的环境沟通和教育，主动邀请公众参观供电企业，运用现场体验和实地监测等方式，提高公众对输变电技术的科学认识，进而促进沟通、消除隔阂。

积极落实环保部门、供电企业对外沟通有关要求，严格按照环保部出台的《输变电工程公众沟通指南》，加强电网工程规划、建设和运行全过程的环境相关信息公开，提高项目的透明度。建立畅通的公众投诉机制，及时了解公众的意见并反馈到电网建设运行过程中。

案例分析

国网朝阳凌源供电公司：运用法律手段破解施工受阻难题

2016 年 5 月，66 千伏榆州联网工程正式开始施工。在榆叨 1 号、2 号线 134 号塔施工中，已领取占地补偿的叨尔登镇三道梁村村民王某又提出线路铁塔影响其 30 米外日光温室采光，要求增加 5 万元补偿的不合理诉求，并以此为由阻拦施工。叨尔登镇政府、村社干部多次现场协调未果，导致榆叨 1 号、2 号线 134 号塔无法施工，影响整个工程按期投运。

问题界定

受偿居民提出无理诉求。虽然经过供电企业、当地政府多次宣传解释，铁塔不影响温室采光，当事村民仍坚持要求补偿。

受偿居民每日蹲守在施工现场阻挠施工，政府出于维稳考虑，暂停电力建设施工。

本案例涉及利益相关方

供电企业　　地方政府　　受偿居民

三重边界分析

利益相关方	政策法规边界	现实边界	理想边界
供电企业	● 依法办理用地、水土保持、环境保护、地下埋藏物等各项手续 ● 严格履行报批、审核程序 ● 依法公开信息 ● 厘清土地、建筑物等产权归属 ● 报送材料、证书合法、正确	● 供电企业没有执法权，难凭一己之力解决施工受阻问题	● 顺利推进电网建设工作 ● 与政府建立良好的沟通协调机制
地方政府	● 按照政策、法律、法规要求开展公共事务管理 ● 依法维护社会秩序	● 电网建设受阻影响地方经济发展 ● 政府出于维稳考虑叫停电网建设	● 减少纠纷事件对社会稳定的影响 ● 电力设施满足地区发展需求
受偿居民	● 依法保护自身权益	● 提出不合理的赔偿要求 ● 反对周边开展电网建设施工	● 认同、理解电网工程建设

解决方案

国网朝阳供电公司在前期协调始终坚持以政府为主导，严格按标准补偿到户，积极推动市政府每年召开电网建设推进会，公司及县供电公司分别与各级政府签订"电网建设责任状"，明确各级政府在项目确立、征占地、拆迁补偿等工作中的主体地位。

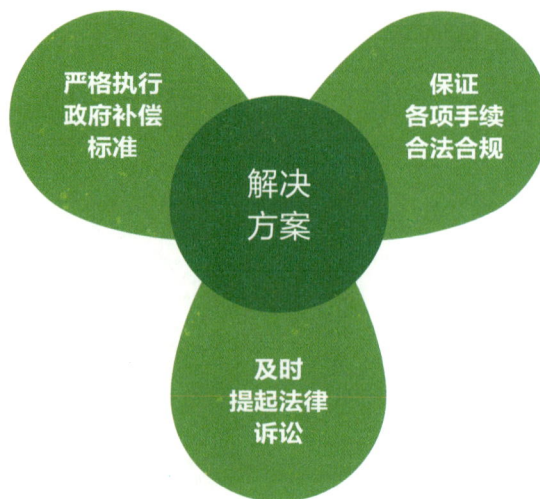

规范办理国土、规划、环评、核准等各阶段手续，严格执行法律、法规，加强统筹管控，保障工作程序合法、形式有效、依据充分，有效防控法律风险。

针对王某提出的无理诉求，国网朝阳凌源公司向凌源市人民法院提起民事诉讼，并依据《民事诉讼法》第 100 条规定，申请先予执行行为保全，保障电网建设顺利推进。

主要成效

凌源市人民法院于 2016 年 11 月 24 日作出行为保全裁定，并于 11 月 25 日现场执行。现场执行中，王某扔不听劝阻，阻扰施工，被依法拘留。最终，66 千伏榆州联网工程得以顺利推进。

运用法律手段破解电网建设受阻难题，有效遏制了个别居民漫天要价、提出无理诉求阻碍电网建设的行为滋长，保障了电网建设有序推进，同时也维护了企业合法权益。

- 保障电网建设有序推进
- 维护企业合法权益
- 形成示范机制

依据法律，合理获得正当权益，不仅在此项工程中体现明显，还为今后处理类似矛盾积累了经验、形成了工作机制，为高效解决电网建设施工受阻问题提供了示范。

简评

面对复杂的电网建设外部环境，
在深化政企联动、做好建设协调的同时，
运用法律手段开辟新途径，
攻克电网建设受阻难题，维护企业的合法权益，
对于保障电网建设项目的稳步推进，
具有较强的现实和推广意义。

电网建设中的环境保护

03

电网建设中的环境保护问题主要指项目建设的利益相关方对电网工程的环境影响（如电磁环境影响、噪声污染）的担忧、抵触。很多地方人们甚至出现了"谈电色变"，对电网施工强烈抵制的情况。

社会责任边界问题识别

电网建设中的环境保护涉及的责任边界问题主要集中于两方面：

居民对于电力设施的电磁环境影响缺少科学认识，认为会对健康和安全造成不良影响，也有部分居民认为附近电力设施会损害景观环境、房屋增值，从而采取行动阻碍电网建设。

供电企业和政府部门与周边居民的沟通不足，不能有效消除公众的疑虑，部分供电企业的环境影响评价还不够规范，也对电网施工造成了不良影响。

电网建设中的环境保护的利益相关方识别与分析

利益相关方		权责	诉求	影响力
内部利益相关方	建设部	● 委托具有相应资质的环评单位进行背景监测及编制电网工程环境影响报告书（表）等工作 ● 配合完成基建项目环保试生产投运、基建项目环保综合验收 ● 处理基建项目环保投诉	● 电力设施建设得到政府支持，工程推进顺畅 ● 消除周边居民对电磁环境影响的疑虑，消除影响建设阻力 ● 引导公众正确认识电磁环境影响，提升企业形象	● 与周边居民开诚布公地沟通，答疑解惑，有助于减少电网建设的阻力 ● 严格履行完备的环评审核批准程序，是电网项目依法进行的可靠保障 **影响力星级** ★★★
	发展策划部	● 委托具有相应资质的设计单位对项目前期环境资料进行收集整理，结合实际情况综合考虑电网项目对周边环境的影响 ● 减少因电网项目的选址造成对公共环境的破坏，结合项目特性征求当地政府意见	● 与政府进行良好沟通，保证规划选址符合城市总体规划 ● 与周边群众进行良好沟通，减少规划选址障碍	● 规划选址是否符合相关标准要求，直接关系到工程建设的成败 ● 选址过程关注周边居民态度，促进公众参与，有助于减少不必要的争议 **影响力星级** ★★★★

利益相关方		权责	诉求	影响力
内部利益相关方	科技信通部	● 跟踪最新涉及电网环保的法律法规，并及时宣贯 ● 配合处置电网环保纠纷、投诉及法律诉讼 ● 组织开展电网环保因子超标治理	● 与政府、专业机构加强沟通，消除公众疑虑	● 协调组织专业机构等出具权威解释，有助于减少公众对电网建设项目产生环境影响的忧虑 **影响力星级** ★★★
外部利益相关方	规划局	● 组织编制市域城镇体系规划、城市总体规划、分区规划、近期建设规划、有关专项规划、控制性详细规划、重要地块的修建性详细规划 ● 负责建设项目的规划选址、建设用地和建设工程的规划管理 ● 负责核发《建设项目选址意见书》《建设用地规划许可证》《建设工程规划许可证》《乡村建设规划许可证》；负责建设工程验线和竣工规划核实 ● 负责全市城乡规划实施的监督管理，组织检查城乡规划的执行情况，依法查处城乡规划违法违规行为	● 电力设施建设要服务地方经济社会发展，符合政府规划 ● 电力规划、建设兼顾生态环境保护	● 对环境影响评价的审批核准，直接影响到项目进度和开工时间 **影响力星级** ★★★★
	环保局	● 制定和监督实施地方环境管理办法、环境保护措施，以及地方环境保护规划、重点区域和重点流域的污染防治规划及生态保护规划 ● 对重大项目开展环境影响评价 ● 组织排污申报登记与排污许可、排污收费、环境影响评价、"三同时"等环境管理制度的实施 ● 监督管理环境保护工作、资源开发活动，组织开展环境保护执法检查 ● 调查处理重大环境污染事故的生态破坏事件及环境污染纠纷；处理和接待群众来信来访	● 电力设施建设要严格落实环保相关标准，避免对生态环境造成不良影响 ● 避免或减少环境纠纷对社会稳定发展造成的不良影响	● 环境影响评价是电网建设项目核准必备的前置文件 ● 对于电磁环境标准的适用性判断是决定项目能否开展的关键 **影响力星级** ★★★★
	工程周边居民		● 避免输电线路跨房、与变电站比邻而居对健康、安全造成影响	● 公众对电磁环境影响的态度，是决定建设工程进度的重要因素 ● 公众参与是环评文件审批过程中的重要环节 **影响力星级** ★★★★
	媒体		● 使公众充分了解电力设施对环境、安全的影响	● 媒体对细微言行的放大，会对社会舆论造成巨大的影响 **影响力星级** ★★★★

社会责任三重边界分析

政策法规边界

对于电网建设中涉及的环境影响评价问题，《环境保护法》《环境保护行政许可听证暂行办法》等法律法规都做出了明确的规定；而对于电磁环境影响，国家正式出台了《电磁环境控制限值》，从国家层面上对电磁场是否存在"长期健康影响"及国际标准是否安全给出明确解释。

相关法律法规	具体规定
《环境保护法》	● 编制有关开发利用规划，建设对环境有影响的项目，应当依法进行环境影响评价。未依法进行环境影响评价的开发利用规划，不得组织实施；未依法进行环境影响评价的建设项目，不得开工建设
《环境保护行政许可听证暂行办法》	● 第六条 除国家规定需要保密的建设项目外，建设本条所列项目的单位，在报批环境影响报告书前，未依法征求有关单位、专家和公众的意见，或者虽然依法征求了有关单位、专家和公众的意见，但存在重大意见分歧的，环境保护行政主管部门在审查或重新审核建设项目环境影响评价文件之前，可以举行听证会，征求项目所在地有关单位和居民的意见 （一）对环境可能造成重大影响、应当编制环境影响报告书的建设项目 （二）可能产生油烟、恶臭、噪声或者其他污染，严重影响项目所在地居民生活环境质量的建设项目
电磁环境控制限值 (GB8702 –2014)	● 从电磁环境保护管理角度，下列产生电场、磁场、电磁场的设施（设备）可免于管理： ——100kV 以下电压等级的交流输变电设施 ——向没有屏蔽空间发射 0.1MHz ~ 300GHz 电磁场的，其等效辐射功率小于所列数值（附注）的设施（设备） 附注：可豁免设施（设备）的等效辐射功率 频率范围 MHz：0.1 ~ 3；等效辐射功率（W）：300 频率范围 MHz：>3 ~ 300000；等效辐射功率（W）：100 ● 架空输电线路线下的耕地、园地、牧草地、畜禽饲养地、养殖水面、道路等场所，其频率 50Hz 的电场强度控制限值为 10kV/m，且应给出警示和防护指示标志

现实边界

在现实工作中，无论是供电企业自身，还是政府、居民等利益相关方，都对电网建设中涉及的环境保护问题有着各自的边界失职，包括越界、违规、缺乏透明等，共同导致了环境投诉甚至工程阻工问题的发生。

- **居民缺少对电网知识、环保标准的正确认识，往往"谈电色变"。** 目前居民对于电磁环境影响的知识大多来源于媒体报道，缺少科学的认识，对电网工程抵触情绪严重。

- **居民感受与法定标准、规定不同步。** 对于线路在雨天发出噪声、静电现象等环境问题，虽然电网工程建设符合环境保护标准、安全规定，但居民仍然感觉受到噪声侵扰及安全威胁。

- **供电企业环评内容不全面、程序不规范。** 部分供电企业的环境影响评价存在瑕疵、环评报告没有及时报批，或是需要召开公众听证会的项目没有充分征求公众意见。

- **媒体导向不够科学公正。** 部分社会传媒在没有了解相关专业知识的前提下，夸大电力设施电磁环境影响对人体的危害。部分媒体还将阻建行为夸大为"维权意识增强的展现"，对社会舆论造成严重误导。

- **环保法律、标准制定过程缺少公众参与。** 当前电力与环保相关法律、法规制定过程更多依赖于专家经验，缺乏充分的公众参与，公众对于环境的实际感受和需求没有充分纳入环保标准，导致公众对于其中的电磁环境影响标准质疑度很高。

供电企业　　周边居民　　电网建设中的环境保护　　政府　　媒体

理想边界

理想状态下，电网建设涉及的环境保护问题应该有清晰的权责归属，项目全过程沟通渠道畅通、信息透明，各利益相关方达成有效合作，且不存在越界和过度履责的行为，形成利益各方的诉求都能够得到平衡，综合价值最大化的良性局面。

责任边界清晰

供电企业与地方政府各自在环境保护问题上的权力、职责应该有清晰、合理的划分，避免责任混淆、推诿或过度履责。

坚守底线原则

地方政府、供电企业、居民等各个利益相关方都能坚守底线，在法律框架内履行各自的责任和义务，避免违规违法、忽视法律标准的行为发生。

平衡利益诉求

在坚守法律原则的基础上，结合具体个案和特殊现实，创新工作方法、沟通方法和利益分配机制，确保政府、企业和居民各方的利益诉求都能得到平衡。

信息透明畅通

电网建设全过程，环境保护相关的信息可以及时、全面地向周边居民公开，居民的意见可以充分为决策者所知晓。

社会责任边界
问题解决方案

- 供电企业应及时公开环评信息，并通过发布信息公告、公开环境影响报告、调查公众意见等形式，促进公众的参与。在环境影响评价文件和竣工环保验收文件提交审批之前，在企业官方网站上予以全本信息公开。

- 环保部门应及时公开环评受理信息，对部分重大项目，采取调查公众意见、咨询专家意见、座谈会、论证会、听证会等形式，确保公众诉求得以顺畅反映。

- 供电企业应加强宣传，积极答疑解惑，让公众对电磁场的定义、产生、危害、预防有基本的了解，对电磁环境影响与身体健康、安全的关系有正确的认知。

- 供电企业应强化与政府部门的沟通，促使其及时公开电网建设的环境保护评价和验收结果，利用行政力量解决电网建设遭遇的环保难题。

普及电网知识

促进环评过程的公众参与

强化与政府部门的沟通

社会责任边界问题解决方案

重视媒体的舆论导向作用

坚持环保创新打造绿色形象

提高环境信息公开透明度

- 供电企业应该与媒体加强对话沟通，达成互动、合作的良好关系，及时纠正违背科学知识、有碍社会健康发展的言论，确保信息发布客观、科学、权威。

- 建立畅通的公众投诉机制，及时了解公众的意见并反馈到电网建设运行过程中。

- 加快建设环保舆情监测机制，通过新闻网站、论坛、博客、微博、微信等信息渠道进行舆情监测、分析和研判，对于不同诉求的公众个人或团体，采取有针对性的舆情回应或处置策略。密切跟踪舆情发展，建立有效的舆情应对机制。

- 始终坚持将绿色环保的理念整合到电网工程的规划、设计、建设的全过程，寻找尽可能降低电网耗能耗材占地的技术和方法，做好电网设施与周边景观的和谐统一，从源头上保证电网对环境的友好。同时主动参与周边社区环境建设，策划实施环保公益，在公众中树立绿色品牌和口碑。

案例分析

国网温州供电公司：解决张宅110千伏输变电工程阻建难题

110千伏张宅变电站是浙江省发改委立项的温州市重点工程。该工程完工后将有效提升温州市区东片供电能力，增强市行政中心等重要场所及附近住宅区的供电可靠性，同时为新开发地块提供电力保障。然而在2013年9月项目开工后，由于担心变电站建成后可能对周边环境带来不利影响，部分住宅小区居民要求该工程停止施工重新选址，并多次干扰施工，在严重影响工程建设的同时，也对社会治安造成了不良影响。

问题界定

小区居民认为工程影响周边环境，阻挠电网建设施工。 工程开工建设后，小区居民以"变电站产生噪声、电磁辐射，影响居民健康""变电站建设造成房价下跌""电力设施距离小区过近，带来心理压力"等为由，阻挠工程建设。

公众对认识存在误区。 由于公众对电力设施的电磁环境影响缺少科学认识，加之其普遍存在的趋利避害心理，使得夸张的谣言更易获得认同，进一步加剧了公众对电力建设抵触情绪的发酵。

双方信息难以交互。 工程建设前期，小区居民与供电企业间已建立沟通渠道，但在公众对电力建设产生的强烈对立情绪下，由于缺少更具公信力的沟通平台，供电公司的解释与答复难以获得小区居民的认可。

本案例涉及利益相关方

供电企业   地方政府   街道社区   小区居民

三重边界分析

利益相关方	政策法规边界	现实边界	理想边界
供电企业	<li>依法办理环境保护各项手续</li><li>严格履行报批、审核程序</li><li>依法公开信息</li>	<li>公众沟通不足</li>	<li>顺利推进电网建设工作</li><li>获得公众、各级地方政府的支持</li>
地方政府	<li>开展区域公共事务管理</li>	<li>发生环保纠纷阻碍工程建设，影响电力需求的满足</li>	<li>减少环境纠纷事件对社会稳定的影响</li><li>保护当地生态环境健康发展</li><li>电力设施满足地区发展需求</li>
街道社区	<li>开展公共事务管理，协调辖区居民纠纷</li>	<li>居民反对电网建设</li><li>聚众上访带来不稳定因素</li>	<li>减少环境纠纷事件对社会稳定的影响</li><li>电力设施满足辖区居民需求</li>
小区居民	<li>依法保护自身权益</li>	<li>对变电站选址不满，采取上访、聚众等形式阻碍施工</li>	<li>消除顾虑，支持电力设施建设</li>

解决方案

国网温州供电公司联合项目所在地的政府相关部门，与小区居民开展深入沟通，按照"统一认识，顾全全局；综合协调，各司其责；相互合作，形成合力；积极宣传，营造氛围；充分沟通，确保稳定"的原则，协作解决问题。

主动发声，抑制谣言发酵。国网温州供电公司借助权威媒体平台披露项目相关信息，接受温州电视台新闻综合频道《有话直说》栏目采访，对项目合法性、合理性进行解释说明，回应小区业主质疑，澄清网络谣言，进行电力设施电磁环境相关科普，在遏制不实信息扩散的同时，减轻外部舆论压力，为实现与利益相关方的有效沟通奠定基础。

政府助力，缓解对立情绪。国网温州供电公司及时向变电站所在地的政府相关部门解释受阻情况，在政府部门的协调下，联合区环保局、市环境科学研究所、区规划局、小区所在街道与小区居民进行座谈，舒缓双方对立情绪。在小区所在街道社区的配合下开展解释宣传工作，向居民分发科普资料，张贴工程合法性批文批件，消除居民对工程存在的误解。

加强互动，打消公众疑虑。国网温州供电公司联合地方媒体，借助"社会责任周""走进国家电网日"等主题活动契机，策划开展"电力设施电磁强度现场体验""网络互动访谈"等系列电磁环境相关科普活动，在位于市中心白鹿洲公园内的110千伏马鞍池变电站内设置可供公众参观的电磁环境智能信息显示屏，并邀请人大代表、政协委员、市民代表现场参观，进一步打消公众对电网建设环境影响的误解和疑虑。

主要成效

缓解了因环境纠纷造成的矛盾，为 110 千伏张宅输变电工程的顺利完工提供有力支撑。

深化了政企合作推进电网建设机制，对推进其他重点项目起到示范效应。

初步构建电网建设环境保护问题利益相关方沟通机制，为其他工作的社会沟通提供借鉴。

简评

**电网建设的环境影响，
近年来逐渐成为人们关注的问题，
在处理该问题过程中，
供电企业须注意加强与利益相关方的沟通协调，
并制定针对性的解决方案，
从而成功化解因环境问题造成的阻工，
保障电网建设的顺利开展。**

外部施工管理 04

外部施工管理问题主要指供电企业在从事电网建设工程时，将部分或全部建设项目发包给承包单位负责建设。但在工程建设期间，一旦发生电网安全、质量问题，造成经济损失或人员伤亡，受害人和外部公众往往会把责任归咎于供电企业，要求供电企业予以赔偿或承担连带责任，如果处理不当，将会引发一系列社会冲突。

社会责任边界问题识别

外部施工管理涉及的边界问题主要是面对外部施工造成的人员伤亡问题，供电企业通常优先考虑如何妥善安置受害人及家属，避免冲突的发生或控制事态的扩大，以及如何将造成的危害降到最低，加上司法部门的裁决、社会公众对供电企业的误解等因素，最终导致供电企业往往会承担本不属于自身的责任，或者承担的责任严重超过自身担责的界限。

外部施工管理的利益相关方识别和分析

利益相关方		权责	诉求	影响力
内部利益相关方	建设部	● 归口建设管理的工程及施工企业的分包 ● 审查施工企业上报的分包商资格 ● 发布合格分包商名录并定期调整 ● 检查、考核、评价分包管理工作	● 电力建设工程推进顺畅 ● 顺利解决因外部施工管理引起的纠纷问题	● 对施工单位的资质审核、分包管理直接影响到工程能否顺利开展 ● 严格执行法律法规相关要求，是防范施工风险的基础 **影响力星级** ★★★★
	物资部	● 企业采购计划、招标采购、物资质量监督、供应商关系管理、仓储配送、应急物资、废旧物资处置、物资监察等工作的归口管理 ● 物资、采购工作的标准化 ● 组织实施企业系统集中招标采购工作 ● 企业物资采购合同管理及总部直接投资项目物资合同的签订、履约、资金结算工作 ● 组织实施企业总部直接投资项目物资质量监督	● 保障招投标工作的顺利开展 ● 保障承包商的资质和质量 ● 降低外包成本	● 施工单位是否符合资质直接关系到工程建设的顺利进行；对于合同条款的明确也是界定权责关系的重要举措 **影响力星级** ★★★★
外部利益相关方	施工企业	● 工程安全质量由工程总承包单位负责，总承包单位将建筑工程分包给其他单位的，应当承担对分包工程安全质量的主体责任 ● 确保施工现场分包管理力量投入 ● 确保分包管理人员与分包队伍同进同出作业现场 ● 对分包施工全过程进行有效控制 ● 建立健全分包管理体系 ● 建立分包商资质审查、现场准入、教育培训、动态考核、资信评价等分包管理制度	● 保障工程顺利开展 ● 无安全事故、质量问题发生	● 施工单位对法律法规的了解可以有效避免纠纷的发生；同时承包商的资质、安全生产条件直接决定工程能否顺利进行 **影响力星级** ★★★★★

利益相关方		权责	诉求	影响力
外部利益相关方	司法部门	● 贯彻执行国家司法方针、政策、法律、法规 ● 开展民事、经济审判和行政诉讼的法律监督 ● 受理控告、申诉和检举	● 妥善解决法律纠纷，维护社会稳定	司法部门的裁决直接决定了供电企业是否担负不必要的责任，以及企业形象的维护 **影响力星级** ★★★★
	受害人		● 保护自身合法权益 ● 获得合理赔偿	受害人对于外部施工的权责是否明确，关系到冲突能否得以妥善解决 **影响力星级** ★★★★
	社会公众		● 拥有稳定生活环境	公众对外部施工管理问题的理解和认知，决定了其对供电企业的印象和态度 **影响力星级** ★★★

社会责任三重边界分析

政策法规边界

外部施工管理涉及的法律问题主要集中于承包商的资质、安全生产条件、分包管理等问题上。在实践中，一般供电企业和建设单位都能做到基本遵守法律法规和相关要求。

相关法律法规	具体规定
《建筑法》	● 第二十二条 建筑工程实行招标发包的，发包单位应当将建筑工程发包给依法中标的承包单位。建筑工程直接发包的，发包单位应当将建筑工程发包给具有相应资质条件的承包单位
《建筑工程质量管理条例》	● 第五十四条 违反本条例规定，建设单位将建设工程发包给不具有相应资质等级的勘察、设计、施工单位或者委托给不具有相应资质等级的工程监理单位的，责令改正，处50万元以上100万元以下的罚款
最高人民法院《关于审理人身损害赔偿案件适用法律若干问题的解释》	● 第十一条 第一款、第二款 雇员在从事雇佣活动中遭受人身损害，雇主应当承担赔偿责任，雇佣关系以外的第三人造成雇员人身损害的，赔偿权利人可以请求第三人承担赔偿责任，也可以请求雇主承担赔偿责任。雇主承担赔偿责任后，可以向第三人追偿。雇员在从事雇佣活动中因安全生产事故遭受人身损害，发包人、分包人知道或者应当知道接收发包或者分包业务的雇主没有相应资质或者安全生产条件的，应该与雇主承担连带赔偿责任
建筑部令第124号《房屋建筑和市政工程施工分包管理办法》	● 第七条 建设单位不得直接指定分包工程承包人。任何单位和个人不得对依法实施的分包活动进行干预 ● 第八条 分包工程承包人必须具有相应的资质，并在其资质等级许可的范围内承揽业务。严禁个人承揽分包工程业务 ● 第九条 专业工程分包除在施工总承包合同中有约定外，必须经建设单位认可。专业分包工程承包人必须自行完成所承包的工程。劳务作业分包由劳务作业发包人与劳务作业承包人通过劳务合同约定。劳务作业承包人必须自行完成所承包的任务 ● 第十三条 禁止将承包的工程进行转包 ● 第十四条 禁止将承包的工程进行违法分包 ● 第十六条 分包工程承包人应当按照分包合同的约定对其承包的工程向分包工程发包人负责。分包工程发包人和分包工程承包人就分包工程对建设单位承担连带责任 ● 第十七条 分包工程发包人对施工现场安全负责，并对分包工程承包人的安全生产进行管理

相关法律法规	具体规定
建市〔2014〕118号《建筑工程施工转包违法分包认定管理办法（试行）》	● 对建设单位将工程发包给不具有相应资质等级的施工单位的，依据《建筑法》第六十五条和《建设工程质量管理条例》第五十四条规定，责令其改正，处以50万元以上100万元以下罚款 ● 对建设单位将建设工程肢解发包的，依据《建筑法》第六十五条和《建设工程质量管理条例》第五十五条规定，责令其改正，处工程合同价款0.5%以上1%以下的罚款；对全部或者部分使用国有资金的项目，并可以暂停项目执行或者暂停资金拨付 ● 对认定有转包、违法分包违法行为的施工单位，依据《建筑法》第六十七条和《建设工程质量管理条例》第六十二条规定，责令其改正，没收违法所得，并处工程合同价款0.5%以上1%以下的罚款；可以责令停业整顿，降低资质等级；情节严重的，吊销资质证书

现实边界

在电网建设过程中，供电企业与承包商签订承包 / 分包合同，遵循严格的分包管理制度。但是由于公众对电网建设中的外部施工权责问题并不清楚，供电企业经常要承担不属于自身范畴的民事责任。

- **施工单位存在违规操作情况。** 部分施工单位存在分包管理不规范现象。

- **供电企业外部施工管理存在不足。** 供电企业对建设单位的安全监管存在不足，部分建设单位施工存在监管制度不完善、施工队伍水平不高的问题，容易导致施工事故的发生。

- **司法部门判定不合理。** 在电网建设过程中，分包是常见的情况，但目前我国法律并未对指定分包等类型做出明确规定，司法部门在事故发生时，经常推定供电企业承担过错责任。

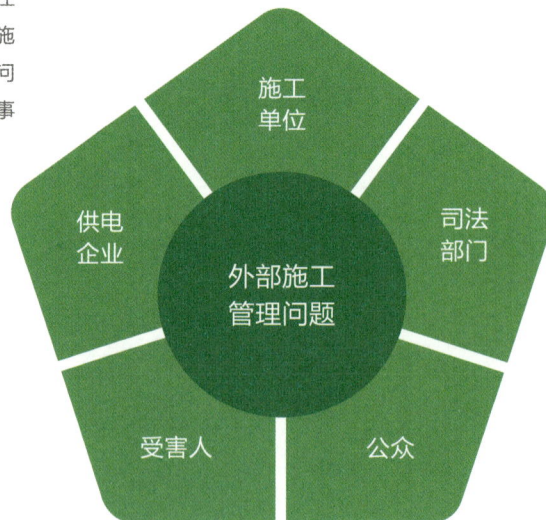

外部施工管理问题

- 施工单位
- 供电企业
- 司法部门
- 受害人
- 公众

- **受害人对权责边界不明确。** 受害人或其家属希望早日获得赔偿，或者部分受害人认为"吃大户"可以得到更多补偿，将本无责任的供电企业作为索赔对象。

- **公众不了解电网施工专业知识、法律规定。** 公众对相关外部施工的法律法规、流程方式都不了解，当事故发生后，社会公众会质疑供电企业的工作能力，但对于外部施工在事件中的角色或应承担的责任却并不知晓。

理想边界

理想状态下，外部施工管理应该有清晰的权责归属，项目全过程沟通渠道畅通、信息透明，各利益相关方达成有效合作，且不存在越界和过度履责的行为，形成各利益相关方的诉求都能够得到平衡，综合价值最大化的良性局面。

责任边界清晰

供电企业与施工单位各自在外部施工管理问题上的权力、职责应该有清晰、合理的划分，避免责任混淆、推诿或过度履责。

坚守底线原则

供电企业、施工单位、受害人、公众等各个利益相关方都能坚守底线，在法律框架内履行各自的责任和义务，避免违规违法、忽视法律标准的行为发生。

平衡利益诉求

在坚守法律原则的基础上，结合具体个案和特殊现实，创新工作方法、沟通方法和利益分配机制，确保政府、企业和居民各方的利益诉求都能得到平衡。

信息透明畅通

电网建设全过程，外部施工管理相关的信息应该及时公开。

社会责任边界
问题解决方案

施工单位的安全生产条件不符合标准、缺少相关资质对于电网工程建设而言是巨大的安全隐患，要做到防患于未然，供电企业应该严抓外部施工的安全管理，严格开展分包单位的资质审查，跟进外包人员的安全培训，彻底将外部施工安全管理纳入自身的安全生产监督管理之中，确保人身、电网、设备的安全。

供电企业应积极与司法部门进行沟通，通过学习互动，使得供电企业在签订、实施外部施工合同时，明确合同条款，更好地维护自身利益，避免产生权责模糊的情况。一旦事故发生，也便于司法部门明晰产权范围与权责范畴，做出正确的判决。

针对建设单位，在订立合同时确保双方对权责的理解一致，尽可能地将工程建设过程中可能涉及的内容都纳入合同约束范围，避免合同条款约定不明，这样一旦事故发生便可妥善处理，承担起各自的责任。

与司法
部门建立良好
沟通

加强施工
单位安全
管理

社会责任
边界问题
解决方案

与建设
单位明确
权责

争取受害人
的理解

开展社会
宣传

供电企业应增强与分包单位、事故受害人之间的沟通，依据分包合同中的权责关系承担相应的责任，对受害人及其家属给予合理的赔偿和安抚。

针对社会公众，供电企业需加大宣传力度，借助新闻媒体宣传电力服务工作，使社会公众对电网建设相关流程等有一个全面的了解，尤其对电力工程事故的处理有理性的认知与判断。

案例分析

国网重庆市电力公司：加强外部施工管理体系建设

电网工程的建设质量不仅关系工程项目的投资效益、社会效益和环境效益，而且关系到公众生命财产安全，关系国家利益和公共安全。国网重庆市电力公司通过加强外部施工管理体系建设，推进外包商考核管理，加强安全管理培训，逐步规范、提升外部施工的管理水平，保障了外包工程安全、优质、高效地完成。

问题界定

外部施工管理涉及的边界问题主要是由外部施工过程中供电企业、施工单位、受害人的权利义务不明确引发的，供电企业为保障工程顺利进行，并避免纠纷事态扩大，往往会承担不必要的责任。

本案例涉及利益相关方

供电企业　　施工企业　　司法部门　　受害人　　社会公众

三重边界识别

利益相关方	政策法规边界	现实边界	理想边界
供电企业	● 严格执行外包 / 分包等相关法律法规 ● 遵守承包 / 分包合同 ● 明确产权归属	● 供电企业承担不必要的赔偿责任	● 顺利解决纠纷 ● 工程顺利推进 ● 获得司法部门、建设单位、社会公众的理解与认可
建设单位	● 遵守承包 / 分包合同 ● 遵守外包 / 分包法律、法规 ● 明确产权归属	● 建设单位存在违规操作情况	● 减少纠纷事件对社会稳定的影响
司法部门	● 依法执行法律法规	● 司法部门判定不合理	● 纠纷事件妥善解决 ● 避免发生影响社会稳定的冲突事件
受害人	● 获得合理补偿	● 受害人对施工权责边界不明确	● 获得合理赔偿 ● 理解和认可供电企业 ● 支持供电企业工作
社会公众	● 保护合法权益	● 公众不了解外部施工管理相关流程及权责归属	● 理解和认可供电企业 ● 支持供电企业工作

解决方案

加强分包管理体系建设。
国网重庆市电力公司制定了分包管理专项方案，组织开展分包管理专项治理督查工作，重点对分包计划审批、资质审查、合同管理、系统应用、是否层层转包等情况进行检查。同时，按照国家电网公司统一部署，建立分包人员统一管理平台，建立涵盖分包人员的身份证、照片、简历、主要证件等电子文档，通过二维码应用、大数据等手段实现对分包人员的精确管理。

推进外包商评价考核管理。
国网重庆市电力公司通过每月开展分包商评价，充分利用国家电网公司统一评价模板对分包商进行连续计分评价；严格执行国家电网公司分包"灰名单"和"黑名单"管理制度，清理不合格分包商和分包项目经理，中止不合格分包商承接公司基建工程，有效提升分包商和分包项目经理的履职能力。

加强对建设单位的安全培训。
国网重庆市电力公司重视与建设单位的沟通交流，及时传达供电企业的各项新的要求，通过对施工单位安全性评价验资流程及工作评价、安全施工作业票工作规定及要求、外来施工单位入围基本要求、配网安全管理相关要求、施工班组出入变电站工作的相关流程及工作要求等内容进行培训，不断提升建设人员技术水平，为电网建设顺利进行提供可靠的保障。

取得成效

保障了电网建设的有序进行，基建工程得以按期投运。

减少了施工单位的不规范操作行为，不合格分包、安全生产管理不到位等问题得以有效遏制。

简评

**供电企业可以从分包管理体系建设、
外包商评价管理、
建设单位安全培训三方面入手，
提高电网建设项目外部施工管理水平，
保障电网建设的顺利开展。**

树线矛盾

05

树木与电力线路的"亲密接触"往往威胁着电网的运行，输配电线路与通道内树木距离过小，在阴雨天气下，潮湿的空气将极易引发输电线路对近距离物体的短路放电，导致跳闸，有时还会发生连环反应，引发大面积停电或者火灾，甚至对周边建筑、设备、人员和地下管线都构成危害。为消除这些隐患，供电企业每年会投入大量人力财力物力对"站错了地方""身高超标"的树木进行移栽、换植、修剪、砍伐，以使树木与电力设施保持安全距离。但是年年开展清障工作却仍然会继续出现新的树线矛盾，年年处理的老问题都会引发新的冲突。因此，如何妥善解决树线矛盾，成为供电企业面临的老大难问题。

社会责任边界问题识别

目前，威胁电力线路安全的树木主要有三类：

一是山区天然林，如不及时修剪，极有可能引发森林火灾。

二是道路沿线快速生长的高大绿化苗木，尤其是近些年，政府对于交通干线、城乡路域、农田林网等区域进行重点绿化，且绿化面积逐年扩大，而这些重点绿化区域也正是电力线路走廊的重点通道，考虑到市容环境建设，目前只能采取定期修剪的方式。

三是私人栽种的一些树木（含苗圃），此类树木处理难度最大：一方面，私有产权树木分布面广、布点分散，林业部门难以逐一现场认定，审批审核过程长、难度大，造成的隐患无法及时处理，一般的做法是"先斩后奏"，然而，这样的做法又容易加剧冲突的严重性；另一方面，私有树木产权人恶意抢种或者漫天要价的情况时有发生，由于属地化管理尚未形成常态、电力行政执法权弱化和缺位等原因，在解决此类问题中存在诸多困难。

树线矛盾的利益相关方识别与分析

利益相关方		权责	诉求	影响力
内部利益相关方	运维检修部	● 负责督促、指导各基层单位按照季节特点和作物生长特点定期开展超高树竹砍伐维护工作 ● 负责配合企业办公室、安全监察质量部（保卫部）做好地方各级政府及相关职能部门关于树线关系处置的各项协同管理工作 ● 负责落实输配电线路在设计、施工、验收过程中对跨越林木安全距离的技术要求	● 维护电网的安全运营，减少非计划停电的发生，避免由于树线问题带来的森林火灾、人员伤亡等	● 运维检修部、办公室、安全监察质量部（保卫部）、经法部是处理树线矛盾的主要部门，在问题处理过程中具备一定影响力，然而，由于电力执法权的缺失，其影响力有限 **影响力星级** ★★★
	办公室	● 树线矛盾处理过程中承担维稳方面责任		
	安全监察质量部（保卫部）	● 负责电力设施保护		
	经法部	● 法律知识宣传 ● 提供法律支持		
外部利益相关方	经信委	● 负责区域电力、天然气行业行政管理、行政执法 ● 负责协调全区电力、天然气、电信线缆设施保护工作	● 促进地方经济发展，维护社会整体和谐，在处理树线问题时避免社会不稳定因素的发生	● 地方政府及其相关部门，具有强大的行政执法权 **影响力星级** ★★★★
	林业局及相关部门	● 承担地方森林资源保护发展监督管理的责任，对砍伐树木进行程序审批		
	树木所有人	● 依法享有对产权树木的所有权、占有权、支配权、使用权、收益权和处置权	● 最大化地享受产权树木的收益	● 树线矛盾的另一博弈方，有较大影响力 **影响力星级** ★★★★

社会责任三重边界分析

政策法规边界

解决树线矛盾时，可参照的法律法规如下：

相关法律法规	具体规定
《电力法》	● 第五十三条 任何单位和个人不得在依法划定的电力设施保护区内修建可能危及电力设施安全的建筑物、构筑物，不得种植可能危及电力设施安全的植物，不得堆放可能危及电力设施安全的物品。在依法划定电力设施保护区前已经种植的植物妨碍电力设施安全的，应当修剪或者砍伐 ● 第六十九条 违反本法第五十三条规定，在依法划定的电力设施保护区内修建建筑物、构筑物或者种植植物、堆放物品，危及电力设施安全的，由当地人民政府责令强制拆除、砍伐或者清除
《电力设施保护条例》	● 第二十四条 新建、改建或扩建电力设施，需要损害农作物，砍伐树木、竹子，或拆迁建筑物及其他设施的，电力建设企业应按照国家有关规定给予一次性补偿。在依法划定的电力设施保护区内种植的或自然生长的可能危及电力设施安全的树木、竹子，电力企业应依法予以修剪或砍伐
《电力设施保护条例实施细则》	● 第三条 电力管理部门、公安部门、电力企业和人民群众都有保护电力设施的义务。各级地方人民政府设立的由同级人民政府所属有关部门和电力企业（包括电网经营企业、供电企业、发电企业）责任人组成的电力设施保护领导小组，负责领导所辖行政区域内电力设施的保护工作，其办事机构设在相应的电网经营企业，负责电力设施保护的日常工作。电力设施保护领导小组，应当在电力线路沿线组织群众护线，群众护线组织成员由相应的电力设施保护领导小组发给护线证件。各省（自治区、直辖市）电力管理部门可制定办法，规定群众护线组织形式、权利、义务、责任等 ● 第十八条 在依法划定的电力设施保护区内，任何单位和个人不得种植危及电力设施安全的树木、竹子或高秆植物。电力企业对已划定的电力设施保护区域内新种植或自然生长的可能危及电力设施安全的树木、竹子，应当予以砍伐，并不予支付林木补偿费、林地补偿费、植被恢复费等任何费用
地方政府相应法规（如《福建省电力设施建设保护和供用电秩序维护条例》）	● 《福建省电力设施建设保护和供用电秩序维护条例》第十九条 发生危及电力设施安全的突发事件，电力设施产权人或者管理人可以先行采取修剪、砍伐树木、中断供电以及其他必要的安全措施，防止事故发生或者最大程度减轻事故危害，并在规定时间内向有关行政管理部门报告。采取上述措施依法应当补偿或者办理有关手续的，应当予以补偿或者补办

现实边界

供电企业执法权缺失。政策法规边界是解决树线矛盾的重要参考，但由于自身并不具备行政执法权，所以政策法规边界不能得到严格执行。

守法意识薄弱，违规越位。树木所有人法律意识淡薄，在衡量补偿标准时，不是依据法律来判断，而是依照身边亲朋传言的消息，同时侥幸心理较强，为了追求不当利益而漫天要价或在禁止的区域种植树木。

树线矛盾的法律细节模糊。部分地区仍未出台电力设施保护相应的具体标准，导致虽有政策法规边界但不具体、不细化，与此同时，存在政策法规边界冲突的情况，如处于同一法律位阶的《电力法》和《森林法》对各自适用和保护的客体规定各有侧重点，导致两部门法在维护各自利益上时常产生矛盾和冲突。

社会公众对树线矛盾的政策法规边界不知情。解决树线问题的政策法规边界仍未得到广泛宣传和认可，在企业与个人对弈的场景中，社会往往忽视政策法规边界而首先从情感上偏向于个人，面对树线矛盾也是如此，往往倾向于产权树木所有者。

理想边界

**在理想状态下，
树线矛盾的解决应该实现：**

政府、企业、个人三方高度认可法律法规所界定的边界，而不是各执一词，各自从各自的视角看待问题。

树木所有人能理解供电企业的补偿政策，在政策法规边界基础上，提出自己的合理诉求，并积极与供电企业协商解决问题。

社会舆论能够理性看待企业与个人的关系，正确看待供电企业性质，并对供电企业形成较好的印象。

能够在城市景观维护、绿化拓展、电网安全运营、经济发展、社会和谐中找到较好的平衡点，实现综合效益最大。

社会责任边界
问题解决方案

通过定期开展宣传，增加公众保护电力设施的自发性和主动性，将"植树要远离电力设施保护区"观念深入群众，引导其在植树时提高安全意识；城乡大规模的绿色植树中，主动与城建、林业、路政、安监等部门进行沟通，规划前期在架线高度、树线间距以及栽种树种等具体问题上达成共识，根据电力设施情况协商制定合理的苗木栽种方案，从源头上避免新增树障的发生。

政府是处理树线矛盾中最具影响力的一方。因此，在加强属地化管理的同时，要努力获得地方政府的支持。首先，应争取当地政府出台符合地方实际的电力通道管理办法，对砍伐、修剪的补偿等具体问题设定合适的、能被企业和个人普遍接受的标准；其次，对于漫天要价或者非法种植的个人，要联合应对、共同解决，以使自身行为有理有据、有强制力。

在树线矛盾解决过程中，要及时与利益相关方沟通协调，针对不同利益相关方的诉求采取针对性沟通策略，获得理解和支持，尤其是对有过高诉求的产权树木所有者，一方面，要派出员工对其进行讲解、沟通，另一方面，加强与其"周边人员"的沟通，如当地村委会成员或其他有影响力的人员，以增加对其影响。

依托政府
发挥政府行政
执法权优势

加强沟通
平衡树木
所有人需求

预防为主
尽力杜绝树线
矛盾的产生

社会责任
边界问题
解决方案

创新思维
高效长效
解决树线矛盾

积极宣传
提高公众的
法律认知程度

树线矛盾一般发生在高杆作物区，低矮植物对电网通常不会构成安全隐患。因此，供电企业可创新理念，引入专业资源和力量，搭建良好的利益分配机制，引导和激励树木所有人改种低矮经济作物，从源头化解树线矛盾隐患，实现供电企业与树木所有人的互利共赢。

广泛开展宣传活动，在人口密集的中心广场、乡镇集市上设立安全展板，讲解《电力法》《电力设施保护条例》《电力设施保护条例实施细则》等相关法律法规，宣传树线问题带来的大面积停电、森林火灾、人员伤亡等损失，增加公众对于处理树线矛盾的利益认同、情感认同和价值认同。

案例分析

国网福建新罗供电公司：多方共赢巧解树线矛盾

福建省龙岩市森林覆盖率高达 77.91%，90% 以上的 10 千伏配电线路都从山间树林、竹林通过。林地所有者为提高经济收入，在山上种植毛竹、桉树等高杆植物，对电网的安全运行和可靠供电造成不良影响，据不完全统计，2015 年因树线矛盾造成的 10 千伏线路故障停运达到 427 起，占故障停电总数的 21.6%。同时，树线间距不足也对线路下的人身安全造成威胁，引发的火灾事件也在逐年增加。

问题界定

树线矛盾涉及的社会责任边界问题主要包含以下三个方面：

第一，林地所有者法律意识淡薄。部分林农对《电力法》《电力设施保护条例》《电力设施保护条例实施细则》等相关法律法规了解不够，为了追求经济利益，在电力线路通道内大量种植超高树木。

第二，供电企业行政执法权的缺失。虽然供电企业与当地政府以各种形式进行了沟通，但由于供电企业并没有行政执法权，在实际操作过程中缺乏一定的刚性手段，导致树线矛盾解决不畅。

第三，未与林地所有者的利益诉求达成一致。按照林业部门规定，建设生物防火林带需要进行植被替换，然而植被替换很难与林地所有者的利益诉求达成一致，导致防火林带建设工作难以开展。

本案例涉及利益相关方

政府　　林业部门　　供电企业　　林地所有者

责任边界分析

利益相关方	政策法规边界	现实边界	理想边界
供电企业	● 根据《电力法》《电力设施保护条例》《电力设施保护条例实施细则》及地方性法规解决树线矛盾	● 处理树线矛盾协商难度大，在涉及经济补偿问题上难以达成共识 ● 经常面临林地所有者超出正常价值的经济补偿要求，处理不当会造成负面影响	● 与林地所有者坦诚沟通，给予其合理补偿，既能满足其合理期望值，又不会给企业带来额外负担 ● 彻底解决树线矛盾问题
政府	● 根据地方实际出台电力设施保护条例 ● 依法合规地行使行政执法权	● 谨慎处理可能造成群体性事件的矛盾	● 既满足市政管理诉求，又降低供电企业的资源投入 ● 助推"退竹还林""精准扶贫"等相关政策实施
林业部门	● 根据《防火林带建设标准》等文件，建设防火防护林带	● 经常面临林地所有者提出超出正常价值的经济补偿要求，处理不当会造成负面影响 ● 在需要建设生物防火林带的森林里，青赔和植被替换等难以达成共识	● 建设完成生物防火经济林带，有效规避山火，保护森林资源
林地所有者	● 依法合规地进行植被替换 ● 按照特地程序和相关标准获得合理补偿	● 对相关政策法规了解不够 ● 不认同补偿标准	● 通过植被替换实现林地所有者的经济利益最大化

解决方案

针对政府和林业部门，建立"横向联建"联动机制。 国网福建龙岩市新罗区供电有限公司创新提出 10 千伏电力线路走廊经济防火林带建设思路，采用"3＋N""2+N"建设模式（其中："3+N"的"3"指当地政府、供电企业、林业部门，"2+N"的"2"是指当地政府、供电企业，"N"指线路廊道下若干林地所有者），建立供电企业与地方政府、林业部门的"横向联建"新模式，形成"政企联动、上下互动、共同推动"合力。

针对林地所有者，加强沟通宣传引导其观念转变。 积极利用电视台、当地论坛、地市媒体等主流媒体，大力宣传油茶、杨梅等树种的寿命长、适应性强、具备防火功能的特点，并与毛竹进行经济对比分析，引导林地所有者转变传统思想、转变种植观念、转变发展模式，在电力线路走廊下方结合当地环境改种低矮的油茶、杨梅等经济作物，既减少电网运行风险，又降低了森林火灾风险，同时能增加林农经济收入，实

现多方共赢。积极推动电力走廊、经济林带、防火林带的统一规划、融合建设，深入村镇积极开展面对面的沟通互动，促进林业所有者主动融入到"一廊一带"电力走廊生物防火林带建设中，营造良好的建设氛围。

主要成效

保障线路安全稳定运行。2016 年，完成 10 千伏线路"一廊一带"建设 43 条，共 52.8 千米、面积 1053 亩，线路故障停电率下降 73.29%。截至 2017 年 5 月，已经建成的线路没有发生一起由于树线矛盾引发的故障停电。

促进多方实现共赢。通过政府、供电企业、林业部门、林农结对联建，电力走廊生物防火林带在保障供电可靠性、防火的同时也成为林农的致富林带。供电企业每年可节约电力线路走廊通道运维人工费用 1000 元 / 千米，林农每亩林地每年可增收 800 元以上。

提升林地所有者对电力设施的保护意识。通过项目实施，同步开展《福建省电力设施建设保护和供用电秩序维护条例》宣传，提高了林地所有者对电力设施的保护意识。

简评

国网福建龙岩市新罗区供电有限公司
建立了供电公司与地方政府、
林业部门的"横向联建"新模式，
通过与政府和相关部门
建立协作机制共同推进问题解决，
实现了多方共赢发展，
对于类似地貌特征的南方山区
具有很大的借鉴意义。

电力设施保护

06

作为关系供用电安全和公共安全的重要内容，近年来电力设施保护面临着一系列问题和挑战：一方面人为故意破坏电力设施行为时有发生，甚至会导致人身伤亡；另一方面随着城市化进程的加快，施工建设等作业过失破坏电力设施情况频频出现。

社会责任边界问题识别

电力设施保护的责任边界问题主要有两方面：

人为故意破坏电力设施。 人为故意破坏是一种针对电力设施的违法犯罪行为，如盗窃、蓄意破坏等。这种破坏呈现出两种趋势，一是犯罪主体多元化，既有外来流窜人员、专业盗窃团伙，供电企业辞退的参加过城网、农网改造的临时施工人员，还有不良社会青少年和在校中小学生。二是犯罪方式智能化，不少犯罪团伙作案手段和工具非常先进。加之电力设施盗窃案件具有作案易、发现迟、报案晚、销赃快、侦查难等特点，公安警力和电力企业保卫力量薄弱，增大了破案难度。

过失破坏电力设施。 施工建设单位为赶进度、降成本，不主动履行在电力设施保护区的施工许可审批程序，不主动完善现场防控方案，不主动落实现场防控措施，现场施工作业人员以农民工、临时工为主，缺乏必要的电力设施保护常识和施工作业的自我保护意识，在线路保护区内施工作业时不够谨慎，安全意识淡薄，极易引发破坏电力设施事件或事故。

电力设施保护的利益相关方识别和分析

利益相关方		权责	诉求	影响力
内部利益相关方	安全监察质量部（保卫部）	● 宣贯电力设施保护方面的法律法规和规章制度 ● 建立企业电力设施保护工作组织体系，明确部门职责，建立监督、检查制度 ● 制定和修订公司电力设施保护工作的规章制度 ● 企业电力设施保护的日常管理，按期进行有关数据统计、分析、上报 ● 协调政府、公安部门推进政企、警企共建合作机制，防范和打击破坏、盗窃电力设施等违法犯罪行为 ● 配合地方政府开展电力设施保护活动，配合公安机关开展电力设施破坏案件的侦破；协助处置重大外部隐患 ● 对各单位制定电力设施保护的应急预案和人防、物防、技防措施进行监督、指导、检查和考核 ● 配合国家电网公司及地方政府有关部门开展电力设施保护活动 ● 组织开展电力设施保护工作方面的经验交流和人员培训	● 减少电力设施破坏事件的发生，保障电网安全运作	● 自身不具备行政执法权力，制约了电力设施保护的能力 **影响力星级** ★★★
	运维检修部	● 负责输、变、配电专业电力设施保护相关安全、组织、技术措施和应急预案、现场处置措施的制定和落实，对各单位电力设施保护工作进行指导、监督、检查和考核，提高电力设施的安全运行水平	● 减少电力事故发生，保障电网安全运作	● 对于电力设施保护的应急处理发挥着重要作用 **影响力星级** ★★★

利益相关方		权责	诉求	影响力
外部利益相关方	经信委	● 负责协调全区电力、天然气、电信线缆设施保护工作；负责区域电力、天然气行业行政管理、行政执法	● 推动地方产业结构优化升级，促进地方经济发展	● 地方政府部门作为关键利益相关方，在电力设施保护过程中发挥着主体作用，是供电企业最需要争取得到支持的外部利益相关方，在各种事件的解决中起着重要作用 **影响力星级** ★★★★★
	城建局	● 依法监督和管理辖区内的建筑市场和工程开展，城市电网建设时，安排变电设施用地、输电线路走廊和电缆通道	● 完善城市功能、打造宜居环境、服务社会民生	
	林业局	● 对妨碍电力设施安全的植物砍伐进行程序审批	● 推动生态环境建设及森林资源保护	
	国土资源局	● 在土地利用总体规划确定的禁止开垦区内（如电力设施保护区），对开垦进行处罚	● 有效保护国土资源、矿产资源，实现可持续开发和利用	
	安监局	● 依法行使安全生产综合监督管理职权 ● 指导协调安全生产检测检验工作，对社会安全生产中介服务机构进行管理和监督	● 维护生产及施工过程中的安全	
	公安局	● 预防、制止和侦查违法犯罪活动 ● 维护社会治安秩序，制止危害社会治安秩序的行为 ● 依法对爆破作业进行监管	● 维护社会安全、稳定，为经济建设保驾护航	● 在危害公共安全事件的解决中具备强大的执法权和影响力 **影响力星级** ★★★★
	施工单位	● 对工程的总体进度、质量、安全负责 ● 组织、参加对进场人员和单位进行安全规章、文明施工制度教育	● 按照合同要求落实施工总进度计划，顺利完成施工项目	● 生产、建设的主体，受多方监督 **影响力星级** ★★
	个人	● 严格依法遵规在电力设施保护区及保护区附近进行生产、生活的行为活动	● 实现经济利益最大化	● 法律意识淡薄，盲目追逐个人经济利益而进行电力盗窃、破坏，导致电网安全严重受损 **影响力星级** ★★

社会责任三重边界分析

政策法规边界

涉及电力设施保护的相关法律法规较为丰富，在电力设施保护过程中可充分引用、参考，此处仅引用部分重要条款：

相关法律法规	具体规定
《电力法》	<ul><li>第五十二条 任何单位和个人不得危害发电设施、变电设施和电力线路设施及其有关辅助设施。在电力设施周围进行爆破及其他可能危及电力设施安全的作业的，应当按照国务院有关电力设施保护的规定，经批准并采取确保电力设施安全的措施后，方可进行作业</li><li>第五十三条 电力管理部门应当按照国务院有关电力设施保护的规定，对电力设施保护区设立标志</li><li>第五十四条 任何单位和个人需要在依法划定的电力设施保护区内进行可能危及电力设施安全的作业时，应当经电力管理部门批准并采取安全措施后，方可进行作业</li><li>第五十五条 电力设施与公用工程、绿化工程和其他工程在新建、改建或者扩建中相互妨碍时，有关单位应当按照国家有关规定协商，达成协议后方可施工</li></ul>
《电力设施保护条例》	<ul><li>第三条 电力设施的保护，实行电力管理部门、公安部门、电力企业和人民群众相结合的原则</li><li>第六条 县以上地方各级电力管理部门保护电力设施的职责是： （一）监督、检查本条例及根据本条例制定的规章的贯彻执行； （二）开展保护电力设施的宣传教育工作； （三）会同有关部门及沿电力线路各单位，建立群众护线组织并健全责任制； （四）会同当地公安部门，负责所辖地区电力设施的安全保卫工作</li><li>第七条 各级公安部门负责依法查处破坏电力设施或哄抢、盗窃电力设施器材的案件</li><li>第十二条 任何单位或个人在电力设施周围进行爆破作业，必须按照国家有关规定，确保电力设施的安全</li><li>第二十二条 公用工程、城市绿化和其他工程在新建、改建或扩建中妨碍电力设施时，或电力设施在新建、改建或扩建中妨碍公用工程、城市绿化和其他工程时，双方有关单位必须按照本条例和国家有关规定协商，就迁移、采取必要的防护措施和补偿等问题达成协议后方可施工</li><li>第二十四条 新建、改建或扩建电力设施，需要损害农作物，砍伐树木、竹子，或拆迁建筑物及其他设施的，电力建设企业应按照国家有关规定给予一次性补偿。在依法划定的电力设施保护区内种植的或自然生长的可能危及电力设施安全的树木、竹子，电力企业应依法予以修剪或砍伐</li></ul>

相关法律法规	具体规定
《电力设施保护条例实施细则》	• 第三条 电力管理部门、公安部门、电力企业和人民群众都有保护电力设施的义务。各级地方人民政府设立的由同级人民政府所属有关部门和电力企业责任人组成的电力设施保护领导小组，负责领导所辖行政区域内电力设施的保护工作，其办事机构设在相应的电网经营企业，负责电力设施保护的日常工作。各省（自治区、直辖市）电力管理部门可制定办法，规定群众护线组织形式、权利、义务、责任等
	• 第四条 电力企业必须加强对电力设施的保护工作。对危害电力设施安全的行为，电力企业有权制止并可以劝其改正、责其恢复原状、强行排除妨害，责令赔偿损失、请求有关行政主管部门和司法机关处理，以及采取法律、法规或政府授权的其他必要手段
	• 第七条 在保护区内禁止使用机械掘土、种植林木；禁止挖坑、取土、兴建建筑物和构筑物
	• 第十一条 任何单位或个人不得冲击、扰乱发电、供电企业的生产工作秩序，不得移动、损害生产场所的生产设施及标志物
	• 第十八条 在依法划定的电力设施保护区内，任何单位和个人不得种植危及电力设施安全的树木、竹子或高杆植物。电力企业对已划定的电力设施保护区域内新种植或自然生长的可能危及电力设施安全的树木、竹子，应当予以砍伐，并不予支付林木补偿费、林地补偿费、植被恢复费等任何费用
	• 第二十条 下列危害电力设施的行为，情节显著轻微的，由电力管理部门责令改正；拒不改正的，处 1000 元以上 10000 元以下罚款： （一）损坏使用中的杆塔基础的； （二）损坏、拆卸、盗窃使用中或备用塔材、导线等电力设施的； （三）拆卸、盗窃使用中或备用变压器等电力设备的 破坏电力设备、危害公共安全构成犯罪的，依法追究其刑事责任；

现实边界

- **供电企业缺少执法权。** 电力体制改革后，供电企业没有了行政执法权，不仅要对危及电力设施安全的电力设施破坏行为进行必要停电避险，还要承担社会对电力优质服务监督及被停电单位投诉的风险和当地政府施加的压力，在协调处置盗窃、外力破坏案（事）件中发挥力量也十分有限。

- **公安局在打击电力违法犯罪方面发挥作用不足。** 由于涉电违法不是地方公安部门工作的重点，只有重特大涉电案件会由公安部门处理，没有真正发挥公安部门在打击盗窃、破坏电力设施、窃电方面的有效作用。

- **缺乏电力设施保护意识。** 施工人员对《电力法》《电力设施保护条例》电力安全等都缺乏必要了解，法律意识淡薄，施工过程中仅仅从工程尽快完成的角度出发推进工作任务，很少考虑是否会造成电力设施损害以及损坏带来的经济和安全后果。

- **存在盗窃和破坏电力设施的违法行为。** 部分个人受经济利益驱动，漠视法律，铤而走险，盗窃和破坏电力设施，威胁电网安全运行。

供电企业　　公安局　　施工单位　　个人

电力设施保护

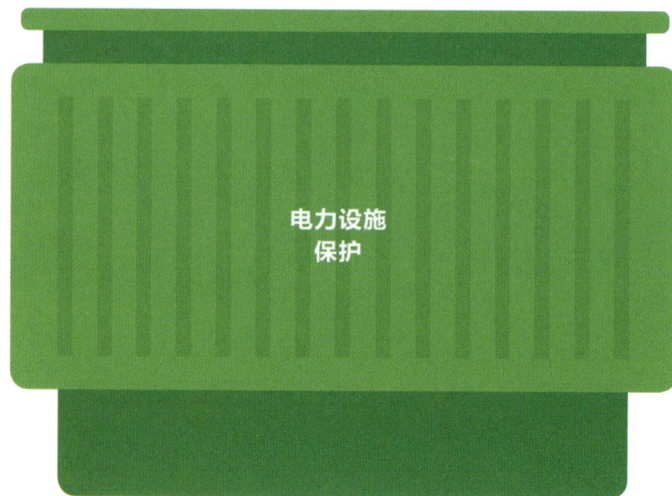

政府相关部门

- **政府的电力行政执法职能缺位。** 部分地区未组建行政执法队伍，未履行电力设施保护相关职能；部分地区行政执法队伍存在查处手段、防范措施滞后，执法装备、必需工具欠缺的问题，难以充分发挥行政执法职责。

- **原有法律、法规不能满足现实需求。** 电力设施保护依据的法律主要是1995年制定的《电力法》和1998年修订的《电力设施保护条例》，年代久远已经不能满足现实需要，对电力设施保护的适用性、可操作性、指导性发挥作用不够。

- **对于电力设施保护认识不到位。** 政府的相关行政执法人员缺少电力行业的专业技术知识和水平能力，对电力设施保护相关法律法规和常识缺乏必要了解，对电力设施保护的重要性认识也不到位。

理想边界

在涉及电力设施保护的问题上，无论是个人还是施工单位，对相应的政策法规边界都有着很清晰的认识，遵守相关法律法规规定，并且能够充分地参与政策法规边界的制定和修改，形成对政策法规边界较好的利益认同、情感认同和价值认同。

电力设施的保护能够在多方共同努力的基础上形成有效合力，这其中包括政府相关部门、公安部门、电力企业和人民群众，各方发挥自身优势，高效、长效地解决问题。

在守法合规的基础上，在电力设施保护的具体实施过程中，确保政府相关部门、公安部门、电力企业和人民群众能各取所需、各思其责、各就其位、各得其所，使得综合效益走向最大化。

内外配合
充分

政策法规
边界认同

综合效益
最大

社会责任边界问题解决方案

一是积极主动向各级政府报告电力设施遭受外力破坏的严峻形势，引起政府领导的高度重视，使他们把保护电力设施工作摆上重要议事日程，研究制定出有关政策，成立执法队伍，配齐执法装备，履行执法职能；二是加强与地方规划、建设等部门的沟通，把好规划审批关，提前了解电力设施保护区周围的规划、建设情况，提早采取避让、防控措施；三是定期向当地政府汇报外力破坏电力设施保护区安全工作开展情况和重点隐患整治进度，促进其理解和认可。

主动对接立法部门，督促电力设施保护相关法律的修订，不断促进相关法律法规的与时俱进和不断完善，提升法律法规的适用性和操作性，为电力设施保护提供完善的法律保障。

一是落实各级警企联动费用和侦办盗窃破坏电力设施案件必要的后勤保障，并建立健全费用保障机制和后勤保障机制；二是与公安机关建立和通畅信息情报便捷通道，明确各级具体联络人员和联络方式；三是建立健全盗窃破坏电力设施案件侦办激励机制，按时给侦办盗窃破坏电力设施案件有功人员给予一定奖励；四是与公安机关建立健全电力设施保护联合巡查、守护、宣传机制。

社会责任边界问题解决方案

- 督促相关法律法规的修订
- 完善机制加强警企联动
- 加大宣传提高保护意识
- 加强施工现场管控
- 沟通政府加强行政执法

一是按照外力破坏隐患现场实际情况和危害程度，对现场组织开展巡查、守护和督察工作；二是主动沟通施工作业单位和建设业主单位，争取他们对电力设施保护工作的理解和支持，了解他们在电力设施保护区及附近施工的范围、工艺、流程和时间节点，督促落实现场防控措施和现场施工作业监护。

**电力设施保护
涉及多个利益相关方，
面对日益严峻的
电力设施破坏，
各个利益相关方须
共同努力，
使解决问题所
依据的现实边界不断
趋近理想边界**

综合利用广播、电视、报刊、网络等媒体，大力宣传保护电力设施的重要性，开展进林场、进工地、进校园、进社区、进乡村、进家庭等"六进"宣传活动，将电力设施保护做到家喻户晓、人人参与。通过电力设施保护宣传，提升施工单位对电力设施保护的认识，引导其主动到供电企业进行施工备案，自觉开展电力安全管控，进行第三方安全评估，减少施工作业对电力设施的破坏；使公众充分认识到盗窃破坏电力设施、违章作业等行为的危害性和违法性，自觉遵守电力设施保护的规定和要求，减少电力设施盗窃和破坏，保障电网安全运行和可靠供电。

案例分析

国网天津检修公司：多方合作成功治理线下隐患

国网天津检修公司所管辖的 220 千伏柳红线跨越了天津市西青区中北工业园奥森物流园区，其 9 至 10 号杆塔间的线路正下方有一处加油站。由于奥森物流园区内多为简易彩钢板房，遇大风恶劣天气，彩钢板顶易被吹起挂搭线路造成故障掉闸，引起大面积停电。同时，加油站本身的彩钢房顶一旦放电，极易引起加油站起火爆炸，造成重大人身伤亡事故。2016 年 7 月 15 日，国网天津检修公司与属地兄弟单位、地方政府相关部门、地方媒体开展了多方联合行动，成功治理线下的顽固违章并形成常态管理机制，彻底结束该区域内长期乱象。

问题界定

奥森物流园区设置了大量简易的彩钢房，用来分租给小物流公司存放货物，由于园区内商户人员变动频繁，且不受奥森物流公司实际管理，需要国网天津检修公司一一进行协调，给治理工作增添了不小难度，治理过的隐患也容易复发。而园区内最严重的线下隐患——加油站属于园区私有，它的存在解决了物流商户频繁加油的需求并节约了其商业成本，因此，拆除加油站实际上会对园区和商户的经济利益造成一定影响，导致推进难度很大。

本案例涉及利益相关方

供电企业　　地方政府　　园区商户　　周边居民

责任边界分析

利益相关方	政策法规边界	现实边界	理想边界
供电企业	● 根据《电力法》《电力设施保护条例》《电力设施保护条例实施细则》处理面临的问题	● 企业没有执法权，对于违法行为缺少有效的行政处置能力，也难以监管违法行为	● 联动政府部门，形成刚性执法能力，共同保护电力设施
地方政府	● 依法合规地行使行政执法权	● 在实际问题处理过程中与供电企业的沟通存在一定障碍，对电力设施保护重视不足	● 重视电力设施保护、更加积极主动地与供电企业进行合作，主导、协同解决问题
园区商户	● 依法合规地进行商业活动	● 法律意识淡薄，违背相应法律法规 ● 抱有侥幸心理，不重视相关法律法规的规定	● 守法合规开展建筑施工
周边居民	● 享有人身、财产安全的法律保障	● 身处危险环境却缺乏识别的知识技能 ● 了解危险用电常识却不知道该如何维权	● 对《电力法》有基本了解，能够主动避开风险行为，并积极利用法律武器维护自身生命财产安全

解决方案

在奥森物流园区多处张贴《安全隐患告知书》，详细公示隐患具体情况；宣贯《电力法》、国务院《电力设施保护条例》、《天津市电力设施保护条例》，明确告知园区人员沿220千伏输电线路两侧平行区域各15米范围内均属于保护区，一旦发生违章事故将依法追究责任。

向天津市公安局经保总队、天津市工业和信息化委员会、天津市经济和信息化稽查总队进行专题汇报，充分利用"三电办"平台，建立起针对电力安全事项的政企沟通专有渠道。在政府的协调下，园区同意暂时关停加油站，对加油站的彩钢顶棚进行加固处理。

阐明原则
明示违章行为

联合执法
全程透明公开

解决
方案

宣传教育
团结公众力量

与政府部门组成联合工作小组，在园区内设置展台，开展以安全为主题的现场宣传，并对园区商户开展入户宣传，使商户对自己的违章行为有了一定认知，最终同意将线下加油站彻底关停拆除，转移至其他安全区域。

主要成效

成功治理线下隐患。通过与属地兄弟单位、地方政府相关部门、地方媒体开展了多方联合行动，国网天津检修公司成功实现了对线下隐患的有效治理，避免了安全事故的发生。

提升了公众的安全意识。在联合宣传活动中，国网天津检修公司向商户和奥森物流园区发放电力设施保护、相关法律法规的宣传材料，有效提高了园区及商户们的安全意识。

简评

电力设施保护是供电企业面临的
长期而持久的实际问题，
国网天津检修公司通过建立与政府部门良好沟通、
与执法机构密切配合的工作机制，
开展有理有据的联合行动，
将有效解决对线下违建严格执法难的问题。

弃管小区供电设施管理

07

对于弃管小区而言，当电力设施发生故障时，业主会首先找到供电企业解决问题。但是，弃管小区并不属于供电企业产权范围之内，并没有法定责任开展相关工作。在政府部门以及弃管小区业主的要求下，供电企业承担了维修责任，甚至是提供免费服务，这增加了企业的运营成本，但面对较大的电力故障且涉及资金问题时，供电企业也无力解决，于是弃管小区真正"被弃管"，该问题已经逐渐成为供电企业难以破解的普遍难题。

社会责任边界问题识别

供电企业在弃管小区供电设施管理问题上主要涉及的边界问题体现在三个方面：

找不到责任主体。弃管小区是指那些因为各种原因运营不畅而被物业放弃的小区，这样的小区一旦出现水、电、气等公共服务问题，往往找不到可以负责的主体，给居民带来生活的不便。

居民对电力设施维护的产权界定缺乏认识。居民普遍认为凡是电的问题都应该由供电企业负责，尤其对于缺乏物业管理的弃管小区，当发生电力设施故障而找不到维护主体时，往往将责任推卸给供电企业。

供电企业在弃管小区问题上存在过度服务。按照"谁产权、谁维护"的原则，以及《供电营业规则》的规定，弃管小区的供电设施不在供电企业产权范围内，供电企业没有小区供电设施维护管理的权限。尽管从维护稳定、服务社会的大局出发，供电企业对弃管小区用电设备故障开展过应急抢修、更换设备，但是，这与供电企业完善的法制化经营不符，所发生的维护资金、设备投入无法列支，影响供电企业自身经营。

弃管小区供电设施管理的利益相关方识别与分析

利益相关方		权责	诉求	影响力
内部利益相关方	运维检修部	● 理清产权范围内运维设备，并做好相关运维工作	● 严格执行产权归属的原则，明确责任界限，减少运营压力	● 对产权外的电力设施运维将承担法律风险 **影响力星级** ★★★
	营销部	● 对员工开展电力相关法律法规培训，明确超产权服务内容、范围 ● 优质服务工作的规范管理 ● 整体协调公司各部门优质服务工作的开展 ● 对客户反映的 95598 工单进行收集回复 ● 报送服务事件应急信息 ● 加大用电管理的宣传工作，使客户、社会公众对供电产权维护、用电设备经常发生的故障类型及发生电力故障时的业务处理流程等有一个全面的了解 ● 强化《供用电合同》宣传管理，增强《供用电合同》的严肃性和刚性执行力度 ● 对产权范围外设备故障的处理做好宣传解释工作	● 与地方政府进行沟通协商，获得政府的理解与支持 ● 加大公众宣传力度，使大众了解供电企业的产权范围及服务范围 ● 与居民坦诚沟通，争取理解与支持	● 通过积极宣传相关法律法规，可以提高客户、社会公众对电力服务的认知 ● 加强与居民的沟通，使大众了解供电企业的产权范围及服务范围，这是解决弃管小区问题的重要手段 ● 通过加强与政府的沟通和协调，对出资建设非产权范围内的电力设施进行协商，以便达成共识 **影响力星级** ★★★
外部利益相关方	地方政府	● **提供公共服务**。通过加强公共设施建设、促进就业、建立社会保障机制、发布公共信息、保护生态环境等，为公众提供公共产品和服务 ● **开展社会管理**。通过政策法规，依法管理和规范社会组织、社会事务，化解社会矛盾，维护社会公平与稳定	● 为公众提供良好的社会环境 ● 维护社会公平、保持社会稳定	● 政府制度和配套政策支持是解决电力产权归属问题的关键 **影响力星级** ★★★★
	弃管小区业主		● 获得用电相关的所有服务 ● 拥有良好的生活环境	● 业主与物业管理的矛盾是导致弃管小区问题发生的主要原因。业主的态度直接影响到矛盾能否妥善解决 **影响力星级** ★★★★
	社区居委会	● 维护居民合法权益 ● 保障社区公共事务和公益事业 ● 协助维护社会治安 ● 调节民间纠纷	● 顺利解决电力故障问题 ● 实现社区管理规范	● 社区居委会与物业、业主的沟通，对于获取居民支持、化解矛盾有着重要作用。部分社区居委会还承担了临时物业的职能 **影响力星级** ★★★
	物业	● 物业及配套设施的维护和保养 ● 物业管理区域内安全保障与秩序维护 ● 物业管理区域内绿化建设与养护 ● 物业管理区域内环境卫生的维护	● 顺利解决电力故障 ● 提供健全、高效的物业管理	● 规范、可靠的的物业管理可以避免业主对物业产生不满拒缴物业费用情况的发生，进而减少弃管小区的产生 **影响力星级** ★★★

社会责任三重边界分析

政策法规边界

国家相关政策法规的规定是供电企业解决弃管小区问题的基本依据，在制定解决方案和协商处理时都必须遵循。

相关法律法规	具体规定
《供电营业规则》	● 第四十七条 供电设施的运行维护管理范围，按产权归属确定。责任分界点按下列各项确定： 1. 公用低压线路供电的，以供电接户线用户端最后支持物为分界点，支持物属供电企业 2. 10 千伏及以下公用高压线路供电的，以用户厂界外或配电室前的第一断路器或第一支持物为分界点，第一断路器或第一支持物属供电企业 3. 35 千伏及以上公用高压线路供电的，以用户厂界外或用户变电站外第一基电杆为分界点。第一基电杆属供电企业 4. 采用电缆供电的，本着便于维护管理的原则，分界点由供电企业与用户协商确定 5. 产权属于用户且由用户运行维护的线路，以公用线路分支杆或专用线路接引的公用变电站外第一基电杆为分界点，专用线路第一基电杆属用户 在电气上的具体分界点，由供用双方协商确定
《农村低压电力技术规程》	● 第九条 用户计量装置在室内时，从低压电力线路到用户室外第一支持物的一段线路为接户线。用户计量在室外时，从低压电力线路到用户室外计量装置的一段线路为接户线
《合同法》	● 第 178 条 供用电合同的履行地点，按照当事人约定；当事人没有约定或者约定不明确的，供电设施的产权分界处为履行地点

现实边界

供电企业在弃管小区问题上，主要的边界不清在于弃管小区不属于企业产权范围之内，没有责任开展相关工作。但在政府部门以及弃管小区业主的要求下，企业承担了维修责任，甚至是提供免费服务，增加了企业的运营成本。

- **居民不了解电力产权归属**。居民认为供电企业应为其提供与用电相关的所有服务。对于供电企业以不属于产权服务范围为由的拒绝，以及提出需有服务费用时则不能理解，认为这些行为是供电企业在推卸责任或存在乱收费现象。
- **居民自身素质有待提升**。小区被弃管往往和小区内的居民缺乏现代物业管理常识，拖欠或拒绝缴纳物业管理费有一定关系，要形成一个可持续的运作良性的社区，离不开小区居民自身的自觉和努力。

- **政府的要求使供电企业超越了自身权限**。政府鼓励供电企业向弃管小区提供服务，但却使企业承担了原本不属于自身产权范围的工作，提高了企业运营成本。

- **物业管理存在缺位**。物业管理存在缺位，权责划分不清晰，使物业与业主之间矛盾众多，导致弃管的发生。
- **社区居委会形同虚设**。作为政府的派出机构，社区居委会应承担政府基层工作，但却变成了一个上支下派的传达机关，没有发挥其应有的作用。

- **供电企业存在"超出产权范围的无偿服务"**。供电企业迫于政府、客户与社会公众的压力，提供无偿服务，大大增加了企业的运营成本。
- **供电企业沟通宣传不到位**。社会公众不了解电力产权归属原则，将超出产权范围的服务认为是企业的电力服务职责；政府不了解供电企业的困境，鼓励供电企业向弃管小区提供服务。

理想边界

在理想状态下，弃管小区问题应该是权责清晰、信息透明畅通，得到各方的理解和支持，并且能够坚守原则，避免越界和过度履责的行为发生，形成各利益相关方的诉求都能够得到平衡，综合价值最大化的良性局面。

责任边界清晰
明确弃管小区的电力权属问题，物业、社区居委会、供电企业、政府在弃管小区的权力、职责应该有清晰、合理的划分，避免责任混淆、推诿或过度履责。

坚守底线原则
各利益相关方都能坚守底线，在法律框架内履行各自的责任和义务。

平衡利益诉求
在坚守法律原则的基础上，结合具体个案和特殊现实，创新工作方法、沟通方法和利益分配机制，建立一种多方联动、互利互惠的长效合作机制。

信息透明畅通
加强供电企业与政府和业主之间的沟通互动，促进利益相关方的理解与认知。

社会责任边界问题解决方案

供电企业应积极与政府部门进行沟通，使其理解供电企业的相关困境，调动社会各方力量，督促政府尽快出台相关制度和配套政策，协商解决资金滞后、材料储备等问题。例如，建立专项维护基金缴纳制度、设立应急维护基金等，通过解决方案的制度化和流程化，建立一种多方联动、互利互惠的长效合作机制。

对于一般居民客户而言，电能表就是划分产权的分界点，电能表以前的部分，产权归属于供电企业，由供电企业负责运行维护；而电能表后的电力线路和电力设施则归属于客户产权，供电企业原则上不负责维修管理。对于需要供电企业承担的电力职责，应办理合理化的产权交接程序，使得供电企业对弃管小区有合乎法律名义的管理权。

针对业主不了解电力产权归属原则，不理解供电企业的电力服务范围，企业需要加大宣传力度，帮助其转变思维，使业主对供电产权维护、用电设备经常发生的故障类型及发生电力故障时的业务处理流程等有一个全面的了解；同时借助社区居委会、媒体、物业的力量，开展业主交流会等活动，加强供电企业与业主之间的互动，增强双方的交流，促进理解与认知。

供电企业应做好对弃管小区服务的相关信息公开，加大弃管小区用电管理的宣传工作，提高服务过程的透明度，使各个利益相关方都能了解供电企业在服务弃管小区方面所做出的贡献。

社会责任边界问题解决方案
- 争取政府部门的实质性支持
- 明确电力产权归属
- 促进业主的理解与支持
- 提高信息公开透明度

案例分析

国网自贡供电公司：理顺边界化解老旧（弃管）小区用电难题

城市老旧（弃管）小区的电力保障，不仅是民生"痛点"，也是体制机制的"痛点"。小区的公共配套电力设施，产权属于居民业主，平时几乎没有维护管理。然而一旦跳闸停电，居民只有找供电企业。可超越责任边界、不论产权归属的"先抢修"，不仅没阻挡住一波又一波居民通过上街、上网表达诉求，也让总是义务维修的供电企业觉得委屈。针对这一"痛点"问题，自贡供电公司认真研究相关法律制度，厘清各利益相关方责任边界，与各利益相关方签订"权、责、利"关系明确的《电网建设目标责任书》，加强政企联动管理，探索解决城市小区供电问题。

问题界定

四川省自贡市的 305 个老旧小区（《四川省物业管理条例》界定：2012 年 7 月 1 日之前建成的居民小区）中，高达 78% 的小区存在安全隐患，高达 65% 的小区供配电设施出现弃管问题，65% 以上的供电设备使用已超 10 年。

供电企业与政府的责任边界问题。 弃管小区电力设施不属于供电企业的产权范围，供电企业没有小区供电设施维护管理的权限。而政府控制着公共事业建设所需的资金，具备较强的资金和物资筹集能力，能够主导破解弃管小区用电难题。

供电企业与弃管小区居民的责任边界问题。 弃管小区居民希望供电企业能够承担小区供电设施维护管理工作，为小区提供用电服务。然而弃管小区电力设施并不是供电企业的产权，按照规定，无法为弃管小区提供供电服务。

政府与弃管小区居民的责任边界问题。 用电难题严重影响了弃管小区居民的日常生活，居民希望政府能够解决用电难题。政府作为公共管理部门，承担着改善人民生活品质的核心职能，理应设法解决弃管小区用电难题。

本案例涉及利益相关方

供电企业　政府　弃管小区业主　社区居委会　物业

三重边界分析

利益相关方	政策法规边界	现实边界	影响力
供电企业	● 依照产权归属开展电力服务	● 供电企业存在"超出产权范围的无偿服务" ● 供电企业沟通宣传不到位	● 解决弃管小区用电难题 ● 获得政府、业主的理解与认可 ● 明确电力产权归属
政府	● 执行上级国家行政机关的决定、命令和国家制定的法律、法规	● 政府部门的要求使供电企业超越了自身权限	● 减少纠纷事件对社会稳定的影响 ● 居民生活质量得到提高
弃管小区业主	● 依法保护自身权益	● 物业管理存在缺位 ● 社区居委会形同虚设	● 获得稳定、可靠、安全的电力供应 ● 生活环境、生活质量有所提高
社区居委会、物业	● 合法合规运营	● 居民不了解电力产权归属	● 避免纠纷事件发生

具体措施

强化沟通，促成各方形成共识。 国网自贡供电公司通过专题汇报、电话访谈、社区座谈、调查反馈等方式，积极争取各利益相关方的理解和支持。2014年，自贡市老旧小区改造由市委、市政府主要领导批示，纳入全市年度重大民生项目予以解决，自贡市成为了四川省首个以"政企协作"新模式开展老旧小区公共配套电力设施改造的城市。

设置"政企协作"关键节点。 "政企协作"的每个关键节点，通过"树立议题、明确目标、了解期望、出分析报告、拟定方案、实施计划、评价业绩、总结改善"等八个规定步骤，依据各成员单位专业边界，明确了资金来源、改造思路、工作理念、管控手段、达成目标等工作要点，并在计划实施后对参与效果和效率进行考评分析。

建立政企常态化沟通机制。 国网自贡供电公司协调政府，建立了召开年度、季度、月度、周改造进度沟通会的常态化沟通机制，定期汇报改造情况，实现了老旧小区改造政策全面准确的落实、过程的全掌控、协调沟通范围的全面拓宽，为改造工程的良好运行创造了条件。

促成电力工作推进纳入政府绩效考核。 将电网规划、建设、运维范畴纳入"政府目标考核"中，积极促成自贡市政府与自流井区、贡井区、大安区、高新区、沿滩区、荣县、富顺县政府和国网自贡供电公司签订2015年度电网建设与改造工程8个目标责任书。将主网、城网、配网、客户产权设备等一并统筹纳入目标考核范畴，进一步明确电网管理责任边界。

保障利益相关方全过程参与。 自贡市"老旧小区电力改造"项目组将改造流程在社区进行公示，促进改造全过程的公开、透明，让政府、社区、居民、供电企业都成为改造的参与者、监督者和受益者。

工作成效

有效解决老旧（弃管）小区问题。2016 年，国网自贡供电公司全面完成全市 204 个弃管小区改造任务，惠及 50 余万城市居民，实现了五年改造计划三年实施完成的目标。改造的成果已经凸显。2017 年 1 月 22 日，一场"霸王级"寒潮袭击四川，自贡市普遍有多年未遇的中雪，部分山区遭遇大雪。四川省多个地级市受灾，但自贡城区 10 千伏配网没有一条跳闸，经过电力改造的老旧小区经受住了极端天气的考验。

简评

自贡市老旧（弃管）小区电力改造的成功经验
为全国小区配电设施规范管理，
提供了一条可供参考的解决路径。
供电企业应注重充分整合社会资源，
转变工作方式，建立政企协作机制，
促使政府发挥行政力量化解弃管小区用电难题。

"三供一业"供电分离移交

08

"三供一业"分离移交是指国有企业将家属区水、电、热（气）和物业管理职能从国企剥离，转由社会专业单位实施管理的一项管理工作，旨在推动解决过往"企业办社会"的历史遗留问题。供电企业作为"三供一业"工作的重要参与方，在其中起着关键作用。

社会责任边界问题识别

"三供一业"涉及的供电资产往往历史久远，设施落后，要继续服务居民正常生活往往需要对设施进行维修和改造。目前对于"三供一业"供电分离移交属于先移交后改造，在实施工程中存在以下几方面的问题：

政策的操作性不高。 国务院国资委、财政部出台了《关于国有企业职工家属区"三供一业"分离移交工作指导意见》，然而在实际推进过程中，需各地政府出台具体的实施办法进行细化。

资源整合难。"三供一业"不仅涉及接收方和移交方，还涉及政府、居民等不同主体，每个主体又涉及不同层级和不同专业，顺利完成移交工作牵涉主体多、关联部门广，需要彼此间的相互配合与资源整合，难度较大。

实施过程难。"三供一业"供电设施改造是在现有基础上做，会受到现有条件的制约，工作推进过程中存在资金落实不力、部分居民因电价变化不理解不配合等问题。

"三供一业"供电分离移交的利益相关方识别与分析

利益相关方		权责	诉求	影响力
内部利益相关方	供电企业	● 供电企业作为"三供一业"分离移交过程的重要利益相关方，在项目的推进过程中起着联络内外部各利益相关方、推进相关项目开展和完成的作用	● 发挥自身优势对相关资产进行接收和改造，占领扩大终端市场，彰显央企责任形象，提升品牌美誉度	● 作为电力资产移交和改造的主要推进方，在项目进行过程中起着重要作用 **影响力星级** ★★★
外部利益相关方	移交方	● 负责协调、处理移交区域出现的问题，保障施工条件 ● 负责提供一定比例的项目经费投入 ● 审核设计方案，对改造项目进行验收	● 顺利实施移交，减轻自身经济负担，以更好地参与市场竞争	● 作为移交方，在项目推进过程中起着一定作用 **影响力星级** ★★★
	政府及其相关部门	● 负责在自己的职权范围内制定更加具体的、符合地方实际的法规和方案 ● 监督和协调"三供一业"推进过程中接收方和移交方出现的问题	● 减轻国有企业包袱为深化国企改革铺路 ● 推动地方经济发展，保障社会稳定，避免出现大规模的负面群体性事件	● 自身具备较为强大的行政执法权，在项目推进过程中起着监督和协调作用 **影响力星级** ★★★★
	居民	● 部分参与"三供一业"移交工作	● 改善用电质量和环境公平，享受更好的基础设施服务	● 在项目推进过程中发挥作用较小 **影响力星级** ★★

社会责任三重边界分析

政策法规边界

"三供一业"供电分离移交过程涉及到的相关法律法规及其他文件如下：

相关法律法规及文件	具体规定
《关于国有企业职工家属区"三供一业"分离移交工作指导意见的通知》	● 工作要求。原则上先完成移交，再维修改造，按照技术合理、经济合算、运行可靠的要求，以维修为主、改造为辅，促进城市基础设施优化整合 ● 规范审核程序。接收单位为国有企业或政府机构的，依据《财政部关于企业分离办社会职能有关财务管理问题的通知》（财企〔2005〕62号）的规定，对分离移交涉及的资产实行无偿划转，由企业集团公司审核批准，报主管财政部门、同级国有资产监督管理机构备案 ● 妥善安置人员。移交"三供一业"涉及的从业人员，原则上按照地市级以上地方人民政府制定的政策标准接收安置，按照有关政策无法接收的人员由移交企业妥善安置。企业集团公司及移交企业要做好相关工作衔接，深入细致开展思想政治工作，确保企业正常运转和职工队伍稳定
《电力法》	● 第十一条 城市电网的建设与改造规划，应当纳入城市总体规划。城市人民政府应当按照规划，安排变电设施用地、输电线路走廊和电缆通道 ● 第二十五条 供电企业在批准的供电营业区内向用户供电。供电营业区的划分，应当考虑电网的结构和供电合理性等因素 ● 第五十九条 电力企业或者用户违反供用电合同，给对方造成损失的，应当依法承担赔偿责任 ● 第七十一条 盗窃电能的，由电力管理部门责令停止违法行为，追缴电费并处应交电费 5 倍以下的罚款；构成犯罪的，依照刑法有关规定追究刑事责任
《中央企业职工家属区"三供一业"分离移交中央财政补助资金管理办法》	● 第四条 补助资金分配遵循"分项核定、比例补助、年度预拨、据实清算"的原则 ● 第七条 中央财政对"三供一业"分离移交费用予以补助，分离移交费用包括相关设施维修维护费用，基建和改造工程项目的可研费用、设计费用、旧设备设施拆除费用、施工费用、监理费等。"三供一业"维修改造标准和改造费用标准不得高于所在地市级以上人民政府出台的相关政策规定

现实边界

"三供一业"移交改造涉及各方利益，导致在项目推进过程中需要花大量精力进行沟通磨合。

部分移交方存在资金落实不到位、不能较好与居民沟通的情况。

为准确理解中央文件，在其基础上根据地方实际制定可操作的政策文件，政府相关部门需要协调接收方、移交方，保持常态化沟通，而沟通的过程存在较多障碍。

移交过程政策宣传解释不到位，导致个别人员因触动自身利益而不配合，甚至阻挠施工。

图中文字：供电企业　移交方　"三供一业"供电分离移交　政府及其相关部门　居民

理想边界

在理想状态下，"三供一业"供电分离移交应该实现：

合作共赢效益最大。通过分离移交，减轻企业负担，使企业将更多精力放在自己的主业上，增强自身核心竞争力；改善企业家属区居民生活条件，维护社会的稳定，最终形成分离企业、企业职工、地方政府及接收单位多方共赢的局面。

多方协同优势互补。充分发挥地方政府及其各部门的优势，制定符合地方实际的执行办法和法规，解决项目推进过程中遭遇的移交费用标准、企业成本负担范围、资金落实等问题；有效发挥接收方的专业优势，解决移交过程中的各项技术问题；对于移交方，则通过有效沟通促成居民理解和对项目的支持，并保证人员的妥善安置和企业人才队伍的稳定。

有效沟通达成共识。通过常态化、有效化的多方沟通，让整个移交过程省时、省力，项目推进过程对各利益相关方保持一定透明，减少来自各方的猜疑和阻力，以此形成共识，共同推动项目优质、高效完成。

社会责任边界问题解决方案

推动地方政府根据中央文件，制定符合地方和企业实际的"三供一业"供电分离移交标准，出台系统的、可操作的相关法规和办法，以实际指导和解决项目推进过程中遭遇的标准模糊、资金落实、权责分工等方面的问题，使各方在项目过程中权责界限更加明晰，各方能够在有据可循、有理可依的基础上进行配合。

完善法规
形成标准

社会责任
边界问题
解决方案

强化沟通
走向共赢

加大宣传
改变认知

对地方政府来说，要加强项目推进过程中的沟通协调，通过沟通督促接收方和移交方各守其位、各尽其责；对企业来说，加强对员工的沟通和引导，针对员工关心的热点、疑点、难点问题，如相关移交政策、移交改造施工方案、前期衔接和后期管理工作以及涉及职工生活息息相关的电价费用等问题，做好政策解释工作和应急预案，消除职工思想顾虑；对接收方来说，加强与政府及移交方的沟通，将推进过程中遭遇的问题实时反馈给政府相关部门和移交方，推动多方联合成立小组，如维稳组、技术保障组、后勤组三方合作，增强项目推动能力，得到更多资源支持。

"三供一业"移交是为解决"企业办社会"的历史遗留问题，对个别人员的抵触心态，需要加强正面宣传引导，通过报刊、电视台、微博、微信等宣传媒体，营造支持"三供一业"供电分离移交的舆论氛围，为人员分流、资产移交奠定思想基础。

案例分析

国网洛阳供电公司：推进有色金属工业第六冶金建设有限公司家属区供电分离改造

国网洛阳供电公司于 2015 年 1 月启动了驻洛央企供电分离移交改造工作。针对"有色金属工业第六冶金建设有限公司"家属区改造工程，洛阳公司主动与该企业供电分离移交工作人员对接，在 2015 年 2 月完成了对该企业家属区的摸底排查，于当月完成《供电分离移交协议》的签订、施工设计及预算的编制工作，并得到有色金属工业第六冶金建设有限公司的确认。2015 年 4 月完成了《施工合同》的签订及所有相关手续的办理，同步进场施工，于 2015 年 8 月圆满完成了 3 个小区共计 2600 户的供电分离移交改造工作。

问题界定

第一，改造涉及的部分小区为苏式建筑，结构复杂且年久失修，表箱安装及表后线敷设难度极大。

第二，小区内主设备（箱式变压器、高压环网柜）安装因环境较差，楼间距狭小，地下管网复杂施工受阻，影响了移交方案制定及整体进度。

本案例涉及利益相关方

供电企业

有色金属工业第六冶金建设有限公司

水、暖两家接收企业

移交区居民

三重边界分析

利益相关方	政策法规边界	现实边界	理想边界
供电企业	● 根据《关于国有企业职工家属区"三供一业"分离移交工作指导意见的通知》《电力法》《中央企业职工家属区"三供一业"分离移交中央财政补助资金管理办法》等政策法规推进分离移交	● 分离移交过程受移交方情况影响以及与水、暖接收企业交叉施工，互相干扰	● 积极沟通、主动作为，推动分离移交项目顺利完成
有色金属工业第六冶金建设有限公司	● 根据《关于国有企业职工家属区"三供一业"分离移交工作指导意见的通知》等政策法规完成分离移交	● 在加强与居民的沟通、促进对方理解达成共识上所做的工作不够充分	● 移交方能够发挥自身优势，促成居民理解和对项目的支持，并保证人员的妥善安置
水、暖接收企业	● 根据《关于国有企业职工家属区"三供一业"分离移交工作指导意见的通知》《中央企业职工家属区"三供一业"分离移交中央财政补助资金管理办法》等政策法规推进分离移交	● 缺少沟通，各自施工，对小区环境造成重复性破坏，互相干扰、扰民现象较为突出	● 水、暖、电三家接收企业高效协同，做到同步施工，减少对环境的破坏和扰民现象的发生
移交区居民	● 配合完成分离移交	● 遭遇的问题不能准确、及时、恰当地反馈给移交方和接收方	● 积极配合分离移交工作，不借机制造负面群体性事件

解决方案

结合实际，优化方案。针对一户多家分期改造，充分整合并合理利用空间，加装支架固定设备，结合现场环境，减少破拆工作，采取钻孔集中敷设表后线，并加装阻燃管材，避免与热力、天然气管道交叉而产生的安全隐患。

解决方案

加强沟通，协同推进。以全方位协同为基础，积极与供水、供暖、移交企业及小区居民进行沟通。组织移交方、设计单位、施工单位及公司运维部共同走访小区，研究制定最佳主设备落地方案，协同水、暖企业同步施工，尽最大程度减少对环境的破坏以及对居民生活带来的影响。定期针对小区居民开展"三供一业"入户宣传活动，积极获取居民理解、支持。

主要成效

减轻了企业负担。每年为企业节约供用电设施维护、维修费 69.7 万元，供电设备损耗费 17.4 万元，供电维护人员成本 13 万元。

降低了企业成本

提升了用电质量

获得了广泛好评

提升了用电质量。实现供电抄表收费服务"四到户"，缩短了故障处理时间，提升了用户用电品质，从根本上保证了用户的用电水平。

获得了广泛好评。改造完成后，得到了有色金属工业第六冶金建设有限公司及家属区居民的广泛好评，让国家电网可靠可信赖的品牌形象进一步深入人心。

简评

"三供一业"分离移交于国于企于民都有重大而积极的意义，
供电企业在推动项目开展过程中，
需要有效统筹各利益相关方的资源优势，
开展主动沟通、精准沟通、价值沟通、全程沟通，
以促进多方理解、达成共识，
保证项目顺利完工。

停电信息公告

09

现代人的生活中无处不存在电的影响，人们对电力十分依赖，以至于对电力的中断表现出极低的容忍度。为了尽可能地减少停电带来的损失，供电企业需要提前将计划停电信息公告用电客户，以方便客户及时调整生产和生活安排。然而，在停电信息公告过程中，供电企业面临着较多困难，如用电客户分布广泛、不同的客户倾向不同的信息公告渠道、信息公告过程中第三方（如小区物业）的配合度不够等。更好地传递停电信息给客户，成为了供电企业需要思考的问题。

社会责任边界问题识别

停电信息公告涉及的客户主要分为政府、企业、居民三类，供电企业往往能够将停电信息很好地传递给前两类客户，由于普通居民用电客户数量众多，目前停电信息公告方式主要是网站、电话、媒体、信息张贴等，居民客户收集信息的方式习惯不一，信息传递的有效性仍然有待提高。

在向居民用电客户进行停电信息公告过程中涉及的责任边界问题主要有两大类：

第三方配合度不高。对城市小区居民来说，在获取停电信息的渠道上，主要依赖于小区内张贴的停电通知单，对于乡镇居民来说，则更多依靠村委会的公告获取停电信息。因此，能否获得小区物业、村委会的支持，使其将"分外之事"视为分内之事，直接决定着停电信息公告的有效性。

停电信息公告渠道仍需完善。不同的用户对停电信息公告渠道有不同的倾向，单一渠道单一媒介已经不能满足现代客户的要求，如何更加具有针对性地传递停电信息给不同用户群体，将"完成停电信息公告任务"升级为"做好停电信息公告"，影响着用电客户对于停电信息公告的满意度。

停电信息公告的利益相关方识别与分析

利益相关方		权责	诉求	影响力
内部利益相关方	运维检修部、电力调度控制中心	● 停送电信息的报送、收集、发布	● 及时、有效传递停电信息，避免影响用电客户正常生产、生活	● 停送电信息的报送有效性和及时性，直接影响到用电客户的满意度 **影响力星级** ★★★★
	营销部	● 负责优质服务工作的规范管理 ● 负责整体协调企业各部门优质服务工作的开展	● 用最少的精力和时间给用电客户准确、及时、有效地传递停电信息，减少因停电信息沟通不畅引发的用户投诉	● 作为信息公告的主体，在停电信息公告中发挥着重要作用 **影响力星级** ★★★
外部利益相关方	用电客户	● 因供电设施计划检修需要停电时，提前7天获得停电信息公告	● 方便、及时地获得可靠、准确的停电信息公告，以便提前调整生产、生活，避免由此带来的经济、人身影响	● 用电客户是信息传递的终端，对整个传递过程的有效性、准确性及满意度进行评价 **影响力星级** ★★★★
	小区物业	● 以为业主服务为宗旨，注重社会效益、经济效益和环境效益 ● 根据有关法律、法规和政策，结合本社区的实际情况，制定本社区物业管理办法	● 更好地服务小区业主，掌握和及时传递与业主相关信息，避免因信息沟通不畅带来业主不满或者投诉	● 作为小区的管理负责方，在停电信息公告过程中起着较为重要的作用 **影响力星级** ★★★★
	村委会	● 搞好村民事务综合管理，促进家庭和睦和村民团结 ● 办理公共事务，努力解决村民在生产、生活中的热点和难点问题	● 推动本村经济发展、社会和谐，避免因未知停电带来的影响	● 村委会在农村公共事务管理方面发挥着不可替代的作用，在停电信息公告过程中有较为重要的影响 **影响力星级** ★★★★

社会责任三重边界分析

政策法规边界

在停电信息公告过程中，涉及的政策法规边界有：

相关法律法规	具体规定
《电力法》	第二十九条 供电企业在发电、供电系统正常的情况下，应当连续向用户供电，不得中断。因供电设施检修、依法限电或者用户违法用电等原因，需要中断供电时，供电企业应当按照国家有关规定事先通知用户。用户对供电企业中断供电有异议的，可以向电力管理部门投诉；受理投诉的电力管理部门应当依法处理
《电力供应与使用条例》	第二十八条 在发电、供电系统正常运行的情况下，供电企业应当连续向用户供电；因故需要停止供电时，应当按照下列要求事先通知用户或者进行公告： （一）因供电设施计划检修需要停电时，供电企业应当提前 7 天通知用户或者进行公告 （二）因供电设施临时检修需要停止供电时，供电企业应当提前 24 小时通知重要用户 （三）因发电、供电系统发生故障需要停电、限电时，供电企业应当按照事先确定的限电序位进行停电或者限电 引起停电或者限电的原因消除后，供电企业应当尽快恢复供电

现实边界

用户对于停电信息的获取往往较被动，如果在不知情的情况下遭遇停电带来损失，容易产生负面情绪。

停电公告的质量往往取决于物业与村委会的通知方式与客户诉求的契合度，导致停电信息发布的情况参差不齐。

鉴于用户数量众多，用户获取停电信息习惯不一。尤其在居民小区或农村地区，停电信息公告需要小区物业或村委会等第三方的配合与协助。

用户

停电信息公告

小区物业与村委会

供电企业

理想边界

在理想状态下，停电信息告知应该实现：

在停电信息公告过程中，供电企业、小区物业、村委会各自发挥自身优势，在融洽的合作氛围中彼此配合，共同服务好广大用电客户。

供电企业能够充分发挥自身信息优势，对不同群体的客户采取不同的停电信息公告措施，提升客户对于停电信息公告的满意度。

内外配合融洽化

通知方式定制化

社会责任边界
问题解决方案

在原有停电通知方式的基础上，对不同的群体，采用"定制化"的信息公告方式，不断健全和完善通知工作平台，以实现停电信息覆盖的精准化和最大化。

社会责任边界问题解决方案

"定制化"的信息公告方式

加强与第三方沟通

进行定期回访

加强与停电信息公告过程中的第三方沟通，从其自身利益角度出发，争取其配合工作。

开展停电信息公告客户情况电话回访工作，收集相关数据，包括停电信息公告不到位、用户倾向的前三位信息公告渠道以及其他用户侧的相关情况和建议，并根据数据和建议进行信息公告方式的调整。

案例分析

国网连云港供电公司："点对点"智能互动优化停电信息公告

国网连云港供电公司服务区域较广，客户诉求多样化、对停电较为敏感，停电相关问题矛盾集中。以往企业停电公告方式和内容单一，容易造成客户不满。对此，公司在调研分析后重新制定了停电公告业务流程，将流程重新划分为停电前、停电中、送电后三个阶段，并开发"点对点智能互动系统"，针对不同客户群体、利用多种渠道公告客户停电信息、更新停复电进度、收集客户反馈，提升公告的及时性、有效性、针对性和互动性，缓解客户负面情绪。

问题界定

以往供电企业主要通过电话公告、媒体公告、张贴公告等方式发布停电信息，停电公告业务范围有限、媒介资源分散、信息传递渠道滞后。客户获知停电信息不及时、不准确导致利益损失成为停电投诉的主要原因，影响企业形象。

其中，涉及到的边界问题如下：

第一，信息公告方式没有充分考虑不同客户的需求和倾向。停电信息发出后，难以被客户准确、有效接收，导致"告而不知"。公司应在充分调研的基础上，通过多种渠道有针对性地进行公告，确保客户知悉并理解停电安排。

第二，信息公告内容过于简单生硬，无法满足客户需求。公司仅在计划停电事前公告，在停电过程中被动响应抢修或复电信息，导致停电敏感人群因难以了解停复电进度而焦虑，产生负面感受。公司应在了解客户需求的基础上，在停电期间全过程沟通，主动回应客户关注信息。

本案例涉及利益相关方

供电企业　　用电客户　　小区物业　　通讯运营商

三重边界分析

利益相关方	政策法规边界	现实边界	理想边界
供电企业	● 根据《中华人民共和国电力法》《电力供应与使用条例》《供电营业规则》及时公告停电信息	● 及时完成停电信息公告任务	● 完善停电信息公告方式和内容,通过多种渠道及时、准确、有针对性地进行停电信息公告 ● 全过程沟通,主动公告并回应停复电进度等客户关注信息 ● 积极与小区物业、通信运营商沟通合作,提升客户满意度
用电客户	● 因供电设施计划检修需要停电时,提前7天获得停电信息公告	● 获得的停电信息公告不及时、不具体	● 在供电企业提供更好服务的前提下,提升对供电企业的满意度,理解并支持配合停电工作
小区物业	● 根据《物业管理条例》更好地服务业主	● 把停电信息公告及线变关系、户变关系核对作为额外工作	● 配合供电企业进行停电信息公告,更好地服务客户 ● 协助梳理和核对线变关系、户变关系,对客户基础资料的收集整理,确保客户信息准确
通信运营商	● 根据《中华人民共和国电信条例》《电信和互联网用于个人信息保护规定》提供信息发送服务、保护个人信息	● 未与供电企业进行合作	● 协助进行基础信息核实 ● 合作开发互动平台,及时发送公告信息并接收反馈意见

解决方案

公司依托试点小区街道居委会、物业和通信运营商收集并核实客户基础资料，梳理出停电公告的关键对象，与通信运营商合作开发出"点对点智能互动系统"。同时，将停电公告业务流程重新划分为停电前、停电中、送电后三个阶段。在停电前，依照计划停电和临时停电不同停电原因，在原有的公告方式基础上增加"点对点"短信和微信推送，对企业、居民等不同类别的客户进行相应的公告、提醒和解释。在停电中，及时通过"点对点"短信推送公告故障停电的停电范围、停电原因、抢修进度、预计复电时间等，缓解客户不安情绪。在送电后，通过"点对点"短信推送公告复电信息，感谢客户的支持配合并收集反馈和建议。

主要成效

通过停电公告业务流程的优化，公司与客户之间的沟通更加快速、通畅、透明、有针对性，客户更能理解和配合停电工作，满意度日益提高，树立并强化了企业责任形象。同时，因停复电公告的有效性、及时性和准确性的提高，减少了客户经济损失和对生产、生活便利的影响，大大降低了停电带来的各种风险。

简评

在"定制化时代"，
供电企业也须对停电信息公告进行相应调整，
在充分调研的基础上，
了解不同客户对于停电信息全过程公告的需求，
并针对性地制定多元的公告方案。
与此同时，与小区物业、通信运营商共同合作，
开发更切合沟通偏好和趋势的沟通平台，
最大化减少客户的负面情绪，实现较好的结果。

公益扶贫

10

供电企业是关系国民经济命脉的重要骨干企业，是我国 2020 年全面建成小康社会的重要力量，做好扶贫工作，履行社会责任，事关中央企业核心竞争力的提升和经济社会的可持续发展。如何让扶贫更见成效，做到扶真贫、真扶贫，改善扶贫对象的生产生活条件，激发其内生动力，多渠道增加民众收入，成为了供电企业在扶贫工作中需要解决的主要问题。

社会责任边界问题识别

供电企业在参与公益扶贫过程中主要面临以下三个问题：

一是扶贫的公平性问题。受社会大环境的影响，在扶贫过程中往往存在徇私舞弊、吃扣卡要等现象，影响扶贫工作的公平性，让真正需要扶贫的对象得不到及时的帮扶。

二是扶贫的精准性问题。国家虽然对于贫困户有一整套认定标准，但在具体的筛选、认定过程中，由于信息的不透明，往往存在人为的误判漏选，影响扶贫的精准性。

三是扶贫的可持续问题。目前企业参与扶贫更多是基于任务导向，缺乏主观能动性和创新性，加上被扶贫对象心态消极，处于坐享其成状态，从而导致扶贫工作难以产生可持续的良好效果。

公益扶贫的利益相关方识别与分析

利益相关方		权责	诉求	影响力
内部利益相关方	供电企业	● 根据自身优势选择扶贫项目和领域 ● 开展具体扶贫工作，推进扶贫项目顺利完成	● 顺利落实政府扶贫要求 ● 通过扶贫开发提升自身品牌美誉度	● 作为扶贫项目实际推动者，在项目推进过程中发挥着重要作用 **影响力星级** ★★★
外部利益相关方	扶贫办	● 负责扶贫开发的统筹协调、资金筹集、服务指导和监督管理 ● 拟定扶贫开发发展战略、政策措施、扶贫标准、发展规划、目标任务和年度计划 ● 负责扶贫行政执法，分配和管理扶贫资金与物资，监督扶贫资金与使用管理 ● 负责管理扶贫开发项目 ● 负责扶贫开发情况的宣传、统计和动态监测	● 确保扶贫开发取得成效	● 作为地方扶贫开发工作的组织者和协调者，兼统筹与管理于一身 **影响力星级** ★★★★★
	扶贫对象	● 准确上报自身信息 ● 把握好扶贫开发契机，将外部资源与内生动力结合，形成可持续的经济来源和致富渠道	● 了解扶贫政策和推进过程相关具体内容 ● 实现脱贫致富	● 在扶贫开发工作中发挥主体作用 **影响力星级** ★★★

社会责任三重边界分析

政策法规边界

公益扶贫涉及的相关法律法规及文件如下：

相关法律法规及文件	具体规定
《中国农村扶贫开发纲要（2011～2020年）》	● 扶贫对象。在扶贫标准以下具备劳动能力的农村人口为扶贫工作主要对象。建立健全扶贫对象识别机制，做好建档立卡工作，实行动态管理，确保扶贫对象得到有效扶持。逐步提高国家扶贫标准。各省（自治区、直辖市）可根据当地实际制定高于国家扶贫标准的地区扶贫标准 ● 整村推进。结合社会主义新农村建设，自下而上制定整村推进规划，分期分批实施。发展特色支柱产业，改善生产生活条件，增加集体经济收入，提高自我发展能力。以县为平台，统筹各类涉农资金和社会帮扶资源，集中投入，实施水、电、路、气、房和环境改善"六到农家"工程，建设公益设施较为完善的农村社区 ● 完善基础设施。加快贫困地区通乡、通村道路建设，积极发展农村配送物流。继续推进水电新农村电气化、小水电代燃料工程建设和农村电网改造升级，实现城乡用电同网同价 ● 重视能源和生态环境建设。加快贫困地区可再生能源开发利用，因地制宜发展小水电、太阳能、风能、生物质能，推广应用沼气、节能灶、固体成型燃料、秸秆气化集中供气站等生态能源建设项目，带动改水、改厨、改厕、改圈和秸秆综合利用
《财政专项扶贫资金管理办法》	● 第二十二条 财政专项扶贫资金年度使用计划、支持的项目和资金额度要进行公告、公示，接受社会监督。财政专项扶贫资金对扶贫对象给予补助，在所在行政村进行公告、公示 ● 第二十四条 财政专项扶贫资金使用管理实行绩效评价制度。绩效评价结果以适当形式公布，并作为分配财政专项扶贫资金的参考依据
地方性条例（如《湖北省光伏扶贫工程实施方案》）	● 群众自愿，特困优先。充分尊重贫困村和贫困户意愿，实行自主申报、乡（镇）审核、县级审批、市级备案，在建设时序上，优先安排无集体经济收入的贫困村和"三无"（无劳动力、无资源、无稳定收入来源）贫困户 ● 规范实施，保障质量。坚持公开公平公正，实施项目的贫困村、贫困户要在当地进行公示，采取招投标形式选择项目建设单位和光伏产品，规范项目建设和验收，建立健全建、管、用相结合的运行维护服务机制，确保光伏电站正常运行，贫困村和贫困户长期受益

现实边界

供电企业

- 扶贫的主观能动性不高。供电企业对于扶贫工作更多的是落实国家下达的扶贫任务，没有看到扶贫工作与自身业务发展的关系，扶贫的积极性没有得到充分发挥。

- 扶贫的决策空间有限。供电企业参与定点扶贫的处境较为被动，在扶贫对象的选择甚至扶贫方法的制定上都是由牵头单位（扶贫办、总工会）负责，供电企业能够决策的空间有限，这也在一定程度上影响了扶贫的效果。

（扶贫办与扶贫对象之间列）

- 扶贫对象分散难以形成合力。从省公司、地市公司到县公司，都有各自不同的定点扶贫对象，各自做各自的扶贫工作，上下之间缺乏配合与协作，不能集中力量做出亮点工程与品牌效应。

扶贫办

- 扶贫标准单一。对于扶贫的认定标准和脱贫标准主要依赖家庭人均年收入这项单一指标，对于影响收入的更深层次的因素缺乏考量，导致扶贫举措简单肤浅，脱贫后再返贫的现象时有发生。

- 扶贫长效机制欠缺。发动参与扶贫的主体之间缺乏配合协作、扶贫对策缺乏创新性、针对性和差异化，扶贫本身的监管缺乏透明度和利益相关方参与，这些都影响到扶贫的长效性。

扶贫对象

- 坐享其成心态较重。受国家长期扶贫工作的影响，很多扶贫对象心态被动消极，坐享其成，过度依赖别人的帮扶，没有充分发挥自己的能动性和意志力主动脱贫致富，极其容易形成短暂性的不可持续的脱贫。

理想边界

政府发挥自身优势，监督和引导项目运作；企业发挥自身优势，在自己专业领域将扶贫工作做好；扶贫对象也充分发挥自身主观能动性，在外界的帮助下主动脱贫致富。

在理想状态下，公益扶贫应该实现：

效益
持续化

优势
互补化

**在理想状态下
扶贫应该实现**

沟通
常态化

通过多方配合，最终推动具有实质性、高效性、长效性的扶贫项目产生，为扶贫对象形成可持续的经济收益。

形成政府、企业、扶贫对象三方的常态沟通，增强工作过程的透明度；对政府来说，能实现更加精准的扶贫；对扶贫对象来说，能够增进对于政府和企业的信任；对企业来说，能够更好地推进扶贫项目，获得更佳的扶贫效果，提升自身品牌美誉度。

社会责任边界
问题解决方案

加强宣传与引导，强化对"志"和"智"的扶持。 将为贫困户输血与激发自身造血功能结合，通过"授人以鱼不如授人以渔"的扶贫方式，切切实实地扶起贫困村和困难群众的"志"与"智"，激发其脱贫致富的决心和意志，避免因"输血"过多导致的依赖性和惰性，而是通过正面例子的宣传与沟通，调动扶贫对象干事创业的热情，充分发挥他们自身的主观能动性，积极解决所面临的经济问题。

增加公示与汇报，提升项目推进透明度。 通过公示牌、定期座谈交流、网络公示等途径，保证内外利益相关方了解相关情况，提升透明度，增加彼此间的理解和信任，减少猜疑、不信任的出现，用透明度提升公信力。

社会责任
边界问题
解决方案

1

2

4

3

发挥专业优势，扶贫攻坚电力当先。 发挥供电企业自身的专业优势，为贫困地区经济发展提供电力保障，优先解决贫困地区变压器和线路重载问题、新增负荷供电和台区供电偏低问题，积极推动农村电网改造升级，发挥自身优势，做好贫困地区电力供应。

多方调查，全面了解扶贫区域和对象信息。 通过现场调研、信息收集、实地驻村、访谈对话等方式多维度、深层次了解扶贫区域和对象，在此基础上制定出符合实际的方案，便于项目的落地推进、取得实效。

案例分析

国网湖北省电力公司："阳光扶贫行动"帮扶湖北"三县一区"

湖北省秭归县、长阳土家族自治县、巴东县和神农架林区（以下简称"三县一区"）地处偏远山区，仅神农架林区的 4 万余农村人口中，便有 1.75 万人长期生活在贫困线以下。为落实中央打赢脱贫攻坚战的战略部署，"十三五"期间，国家电网公司推动实施"国网阳光扶贫行动"，助力湖北"三县一区"建档立卡贫困群众早日脱贫。国网湖北省电力公司积极推动政企合作，探索适宜光伏扶贫的模式，创造光伏扶贫新经验。

问题界定

意愿方面：老百姓对光伏扶贫政策不了解，对政策实施过程、收益效果不清楚，对光伏扶贫认知度不高；村委会缺少建设光伏电站的资金；银行担心光伏项目贷款无法如期收回本息，审批程序复杂。

效果方面：在光伏扶贫工程推进过程中，传统光伏扶贫做法无法调动贫困户积极性，造成"扶贫养懒汉"的情况发生。对政府和相关部门作用发挥不足，与银行、贫困户等沟通有限，对光伏扶贫相关政策理解不充分，工作流程有待优化。

三重边界分析

利益相关方	政策法规边界	现实边界	理想边界
地方政府	● 国家发展改革委等五部委《关于实施光伏发电扶贫工作的意见》	● 与供电企业、光伏企业的沟通有待优化，对光伏扶贫工作宣传不到位	● 发挥自身政策、资金优势，与企业充分沟通互动
供电企业	● 国家发展改革委等五部委《关于实施光伏发电扶贫工作的意见》，湖北能源局、扶贫办印发的《湖北省光伏扶贫工程实施方案》	● 对相关政策了解度不够	● 熟悉相关法规、政策，及时、准确答疑
村委会	● 国家发展改革委等五部委《关于实施光伏发电扶贫工作的意见》、湖北能源局、扶贫办印发《湖北省光伏扶贫工程实施方案》	● 缺少光伏电站建设资金	● 获得政府支持和补贴 ● 贫困户实现致富增收
银行	● 中国人民银行等七部门《关于金融助推脱贫攻坚的实施意见》	● 光伏扶贫贷款审批程序复杂	● 熟悉光伏扶贫政策及作用，简化审批流程
贫困户/村	● 依法获得国家给予的补贴	● 对光伏扶贫政策、办理流程、效果等不了解和不熟悉	● 积极响应参与、主动配合 ● 贫困户实现致富增收

解决方案

拓展光伏扶贫资金来源。创新提出"捐建"模式。即，明确供电企业作为捐赠方，县政府委托县扶贫基金会作为受捐方，捐赠后将电站资产划拨到村集体，有效解决了村集体经济"钱从哪里来"的问题。

多方协同保障电站可靠运维。探索通过政府购买服务的方式，由"三县一区"政府集中招标委托运维单位，建立村集体、运维单位、总承包单位三级运维服务体系。村集体负责电站的日常看护和清扫、除草等，运维单位负责电站专业检修维护，总承包单位负责运维技术支撑，并购买电站保险，为运行保驾护航。

做好贫困户收益分配工作。为做好贫困户收益分配，国网湖北省电力公司在捐建合同里创新突出"四个精准"：精准到村。确保电站资产到村、扶贫收益到村，实现村民民主监督、县（区）乡镇政府日常监督、第三方审计监督、供电企业定期监督的"四方参与、四方监督"。

精准到事。发展观光农业、农家乐、农村电商等产业，壮大村集体经济，增加分红性收入；发展老人儿童养护等村级公益事业，维护小型水利等公共设施，增加间接性收入。

精准到户。从光伏电站发电收益中拿出部分资金，作为贫困户在农业合作社的入股资本金，扶持贫困户产业发展。

精准到人。将光伏电站日常看护等公益性岗位优先安排给贫困群众；对特别贫困的群众发放兜底补贴等，增加保障性收入。

主要成效

光伏扶贫取得了良好效果：

发电效益好。 2017 年，国家电网公司将在湖北"三县一区"236 个建档立卡贫困村投入 4.57 亿元，为每个村建设一座容量 200 千瓦光伏扶贫电站，预计 2017 年 6 月份全部建成投运并捐赠给村集体，将帮助"三县一区"9.6 万建档立卡贫困人口脱贫。

项目生态价值大。 光伏发电具有良好的经济、扶贫和生态效益。湖北"三县一区"均为山区，土地资源匮乏，占地面积小的村级光伏电站是扶贫攻坚的重要抓手，帮山区解决了保护与发展的一大难题。

助力贫困户脱贫致富。 从光伏电站发电收益中拿出部分资金，作为贫困户在农业合作社的入股资本金，扶持贫困户产业发展，促进贫困村尽快脱贫。

简评

供电企业作为光伏扶贫工作的重要参与方，
要积极作为、主动履责，
树立与各利益相关方通力合作、协同联动的工作思路，
确保贫困户的获得感，
为贫困户提供可持续、清洁、绿色的经济来源，
确保问题高效和长效地解决。

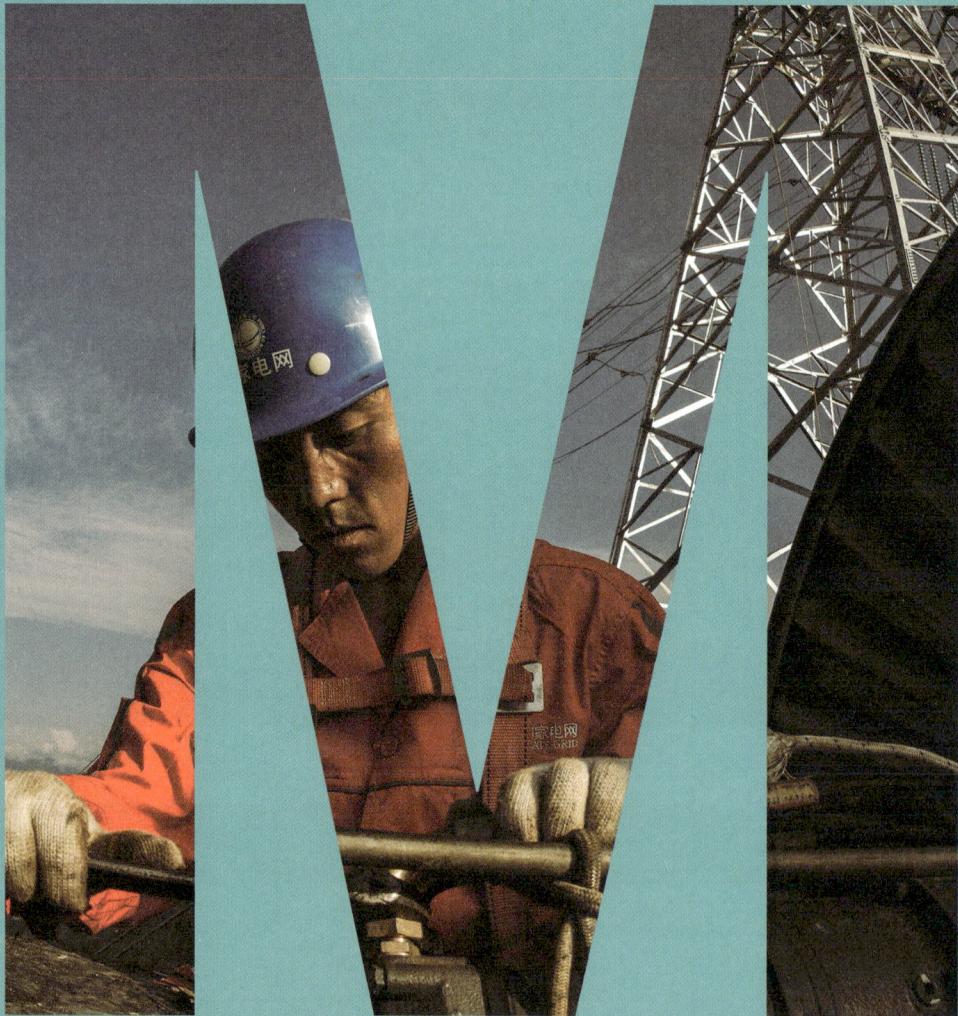

工具篇
MEANS

责任边界
识别工具

要从数量众多、类型多样的内外部群体中识别出与议题相关的利益相关方，需要遵循一套科学的识别工具，也就是利益相关方五维模型，包括责任、影响力、相关性、依赖性和代表性五个方面。

利益相关方识别工具

企业与这些利益相关方接触最多，包括内部利益相关方、维持长期关系的利益相关方，以及组织日常运作所依赖的利益相关方。

利益相关方根据规定、习俗或文化，能够合法地代表某一特定群体。

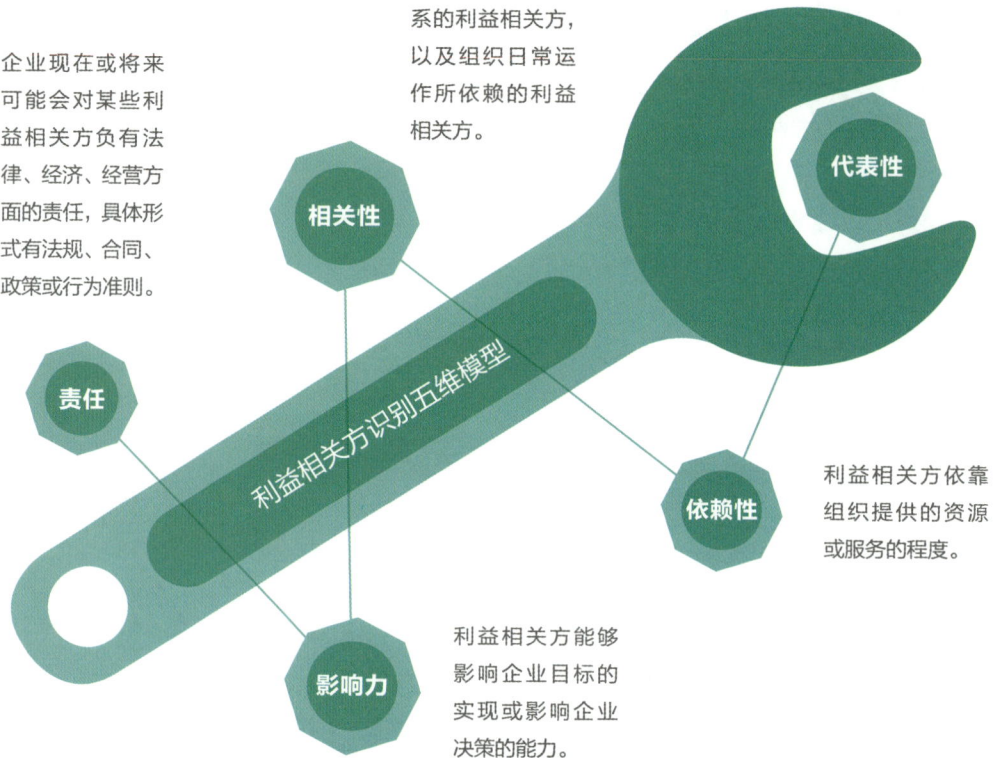

企业现在或将来可能会对某些利益相关方负有法律、经济、经营方面的责任，具体形式有法规、合同、政策或行为准则。

代表性

相关性

利益相关方识别五维模型

责任

依赖性

利益相关方依靠组织提供的资源或服务的程度。

影响力

利益相关方能够影响企业目标的实现或影响企业决策的能力。

以电网规划选址为例，供电企业的发展策划部负责电网规划的制定以及与地方发展规划的衔接，建设部负责环境影响、雷电、地质灾害等风险的评估和验收等工作，他们的工作都直接影响电网规划的合理性，因此发展策划部、建设部是重要的内部利益相关方。

发展改革委负责地方经济社会总体规划的制定，地方政府规划部门则负责城市发展规划、专项规划等具体规划的制定，电网规划需要符合经济社会总体规划、城市发展规划的要求，因此发展改革委、地方政府规划部门是重要的外部利益相关方。

电力设施建设附近周边居民的态度是对规划落地和电网建设的重要考验，因此周边居民也是重要的利益相关方。

利益相关方分析工具

利益相关方分析工具是指通过对每个利益相关方的利益、影响和重要性的评估，明确不同利益相关方的诉求和期望，并以此为依据制定针对性的行动方案，以确保项目或计划的成功实行。

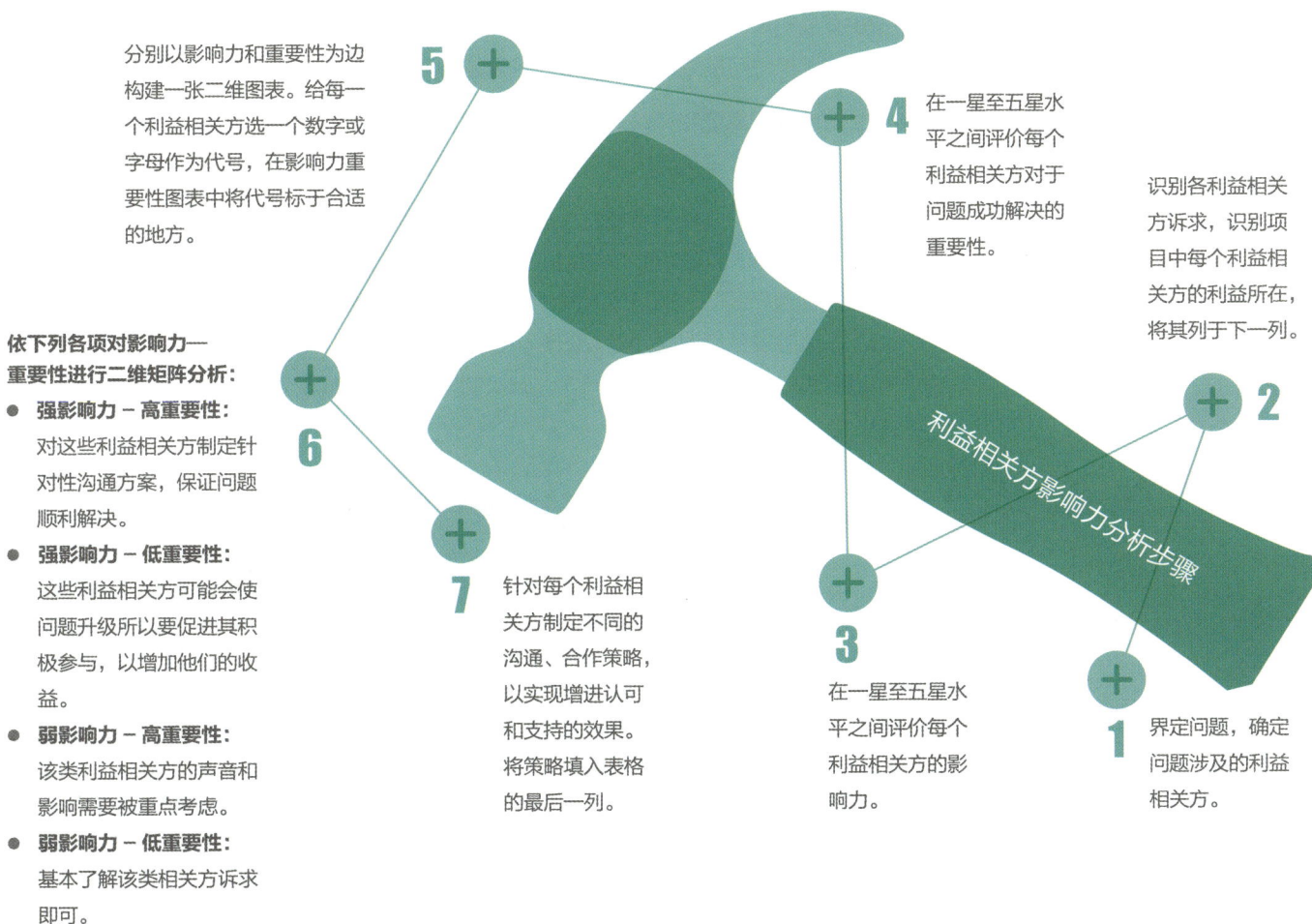

分别以影响力和重要性为边构建一张二维图表。给每一个利益相关方选一个数字或字母作为代号，在影响力重要性图表中将代号标于合适的地方。

依下列各项对影响力—重要性进行二维矩阵分析：

- **强影响力－高重要性：** 对这些利益相关方制定针对性沟通方案，保证问题顺利解决。

- **强影响力－低重要性：** 这些利益相关方可能会使问题升级所以要促进其积极参与，以增加他们的收益。

- **弱影响力－高重要性：** 该类利益相关方的声音和影响需要被重点考虑。

- **弱影响力－低重要性：** 基本了解该类相关方诉求即可。

5

4 在一星至五星水平之间评价每个利益相关方对于问题成功解决的重要性。

识别各利益相关方诉求，识别项目中每个利益相关方的利益所在，将其列于下一列。

6

2

利益相关方影响力分析步骤

7 针对每个利益相关方制定不同的沟通、合作策略，以实现增进认可和支持的效果。将策略填入表格的最后一列。

3 在一星至五星水平之间评价每个利益相关方的影响力。

1 界定问题，确定问题涉及的利益相关方。

对于施工受阻问题，涉及的主要利益相关方是供电企业、政府、规划局、环保局、受偿居民和周边居民。

施工受阻问题的影响力—重要性二维分析矩阵

高重要性

● 供电企业　　　　　● 受偿居民
　　　　　　　　　　● 政府

　　　　　　● 规划局、环保局

　　　　● 周边居民

低重要性
弱影响力 →　　　　　　　　　强影响力

对于供电企业而言，其主要诉求是获得政府的支持、周边居民的理解，以减少纠纷，顺利推进电网建设；对于政府、规划局、环保局，其主要诉求是保障电力设施建设满足地方经济社会发展需求，维护社会稳定、减少环境影响；对于受偿居民和周边居民，其诉求在于获得合理补偿、避免电网建设对健康、安全、财产造成不良影响。按照利益相关方对解决问题的影响力大小和重要性列出矩阵，并给予相应的代号，可以得到施工受阻问题的影响力—重要性二维分析矩阵。

责任边界风险识别工具

风险坐标图是通过分析不同业务领域可能遇到的风险，将风险发生可能性的高度、风险发生后对目标的影响程度，作为两个维度绘制在同一个平面上。对于风险发生可能性的高低、风险对目标的影响程度，如"极低""低""中等""高""极高"等或用星级进行表示。定量方法主要是对风险发生可能性的高低、风险对目标影响程度用具有实际意义的数量进行描述，如对风险发生可能性的高度用概率来表述，对目标影响程度用损失金额来表示。

对风险发生可能性的高低和风险对目标的影响程度进行定性、定量评估后，依据评估结果绘制风险坐标图，以实现多项风险直观的比较，从而制定针对性的风险防范措施。

如某供电企业对环境影响评价可能发生的政策法规风险进行了定性评估，认为主要可能发生的风险有：①程序违法；②审批机构越级审批；③公示及公众意见调查不到位等风险，其中：①发生的可能性为"低"，一旦风险发生后对电网建设的影响程度为"高"；②发生的可能性为"低"，风险发生后对电网建设的影响程度为"中等"；③发生的可能性为高，风险发生后对电网建设的影响程度为"极高"，则绘制风险坐标图如下：

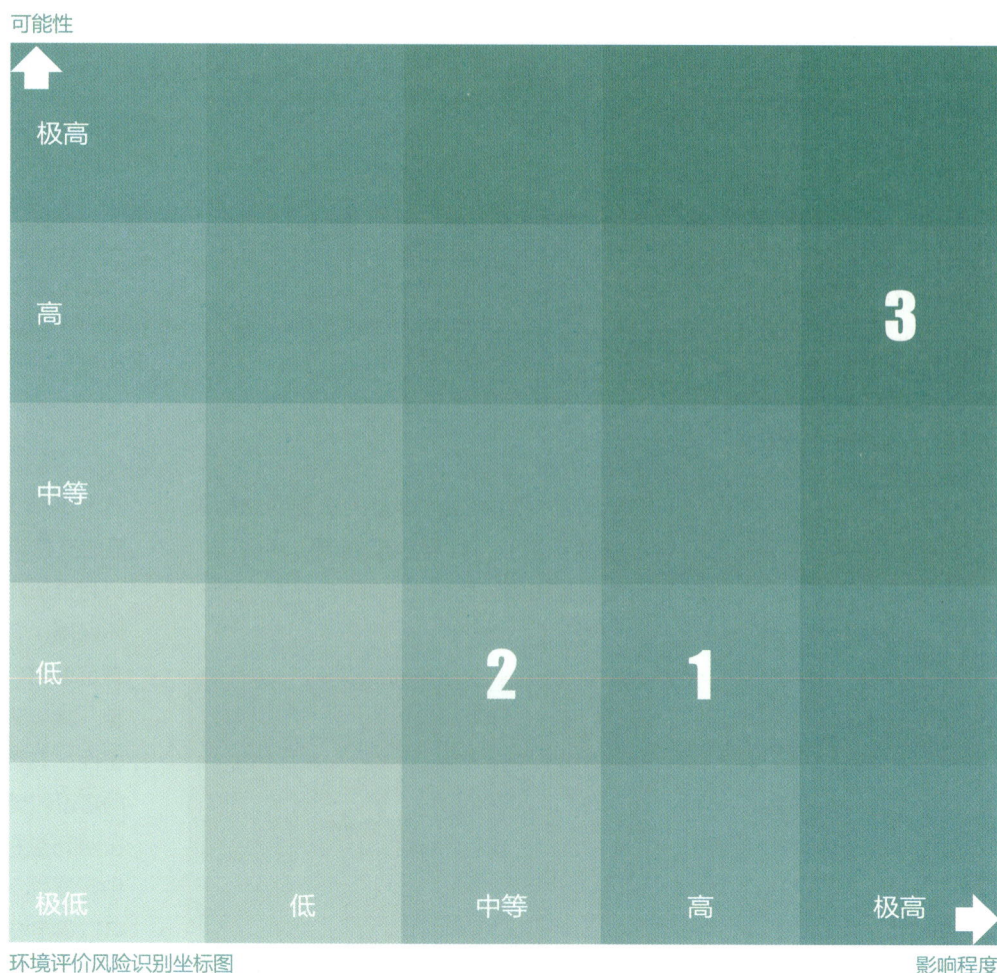

可能性

极高				
高				**3**
中等				
低		**2**	**1**	
极低	低	中等	高	极高

环境评价风险识别坐标图

影响程度

利益相关方调查法

利益相关方调查法是有目的、有计划、有系统地搜集有关利益相关方的现实状况或历史状况材料的方法。通过综合运用历史研究法、观察研究法等方法以及谈话、问卷、个案研究、测试或实验等科学方式，对多个利益相关方进行有计划、周密、系统地了解，并对调查搜集到的大量资料进行分析、综合、比较、归纳，借以发现存在的问题，并探索可靠的解决方案。

利益相关方调查法研究框架

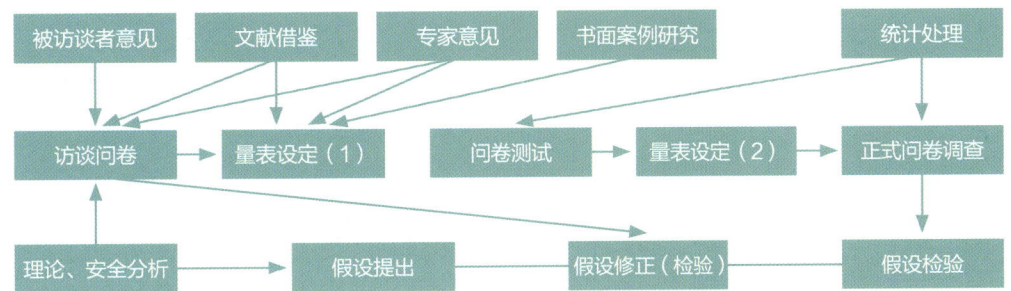

被访谈者意见	文献借鉴	专家意见	书面案例研究		统计处理
访谈问卷	量表设定（1）	问卷测试	量表设定（2）		正式问卷调查
理论、安全分析	假设提出	假设修正（检验）			假设检验

确定主题

在综合分析的基础上提出调查的主题，这是构成访谈问卷的理论基础。

1

2

制定问卷

构建调查的访谈问卷，一份完整的问卷，应该与调查的主题紧密相关，应该满足简洁性原则。在制作问卷之前，应尽可能地参考被访谈者的意见、专家的建议，并参考相关文献的研究。

3

实地调查

根据调查主题的不同，可以分别采取结构性访谈、半结构性访谈，以及开放性访谈，必要的话需要对访谈问卷进行修改。

4

材料分析

整理访谈过程中所收集的材料，并在此基础上对问题进行分析，如果调查资料不够完善、充分，还应该采取收集二手资料的方式进行补充

利益相关方调查问卷

尊敬的女士／先生：

您好！

　　为督促公司更好地服务社会、履行责任，更准确地回应利益相关方的期望和诉求，我们诚挚地感谢您抽出宝贵时间填写本次问卷，对我们的工作提出意见和建议。

一、基本信息

您的性别：　　　　　您的年龄：　　　　　您的职业：

二、您对供电企业的期望和要求

1. **您认为电力设施保护应该如何开展？**
   供电企业哪些方面做得较好？
   哪些方面需要改进？

2. **您对供电企业在树线矛盾解决方面有哪些期望或要求？**
   供电企业哪些方面做得较好？
   哪些方面需要改进？

3. **您对供电企业在电网工程规划选址等方面有哪些要求或期望？**
   供电企业哪些方面做得较好？
   哪些方面需要改进？

4. **您认为电网工程规划选址过程中应该注意对环境的哪些影响？**
   供电企业哪些方面做得较好？
   哪些方面需要改进？

5. **您对供电企业在电网工程施工建设等方面有哪些要求或期望？**
   供电企业哪些方面做得较好？
   哪些方面需要改进？

6. **您认为供电企业在电网工程建设方面应注意对环境的哪些影响？**
   供电企业哪些方面做得较好？
   哪些方面需要改进？

7. **您认为供电企业在施工管理方面有哪些要求或期望？**
   供电企业哪些方面做得较好？
   哪些方面需要改进？

C 概念篇
CONCEPT

M 方法篇
METHOD

P 实务篇
PRACTICE

M 工具篇
MEANS

本问卷的信息仅供研究和统计分析使用，我们确保您提供的信息不会外泄。感谢您的积极参与和支持！

8.　您对供电企业的停电信息公告管理有哪些要求或期望？
　　供电企业哪些方面做得较好？
　　哪些方面需要改进？

9.　您认为供电企业的停电信息公告应该采取哪些渠道？
　　供电企业哪些方面做得较好？
　　哪些方面需要改进？

10.　您对供电企业在电力设施运维检修方面有哪些期望或要求？
　　供电企业哪些方面做得较好？
　　哪些方面需要改进？

11.　您认为供电企业在解决弃管小区问题方面应做好哪些工作？
　　供电企业哪些方面做得较好？
　　哪些方面需要改进？

12.　您认为供电企业在开展"三供一业"供电设施移交方面应做好哪些工作？
　　供电企业哪些方面做得较好？
　　哪些方面需要改进？

13.　您认为供电企业在精准扶贫方面应做好哪些工作？
　　供电企业哪些方面做得较好？
　　哪些方面需要改进？

再次感谢您的支持与配合！

责任边界
管理工具

鱼骨图分析工具

鱼骨图（又名因果图、石川图），是一种透过现象发现问题原因的分析方法。鱼骨图主要包括整理问题型、原因型及对策型三种类型。通过鱼骨图查找责任边界问题发生的根本原因，并提出解决办法，对于现实边界的分析和责任边界优化方案的提出有很好的作用。

制作鱼骨图包括分析问题原因／结构和
绘制鱼骨图两个步骤

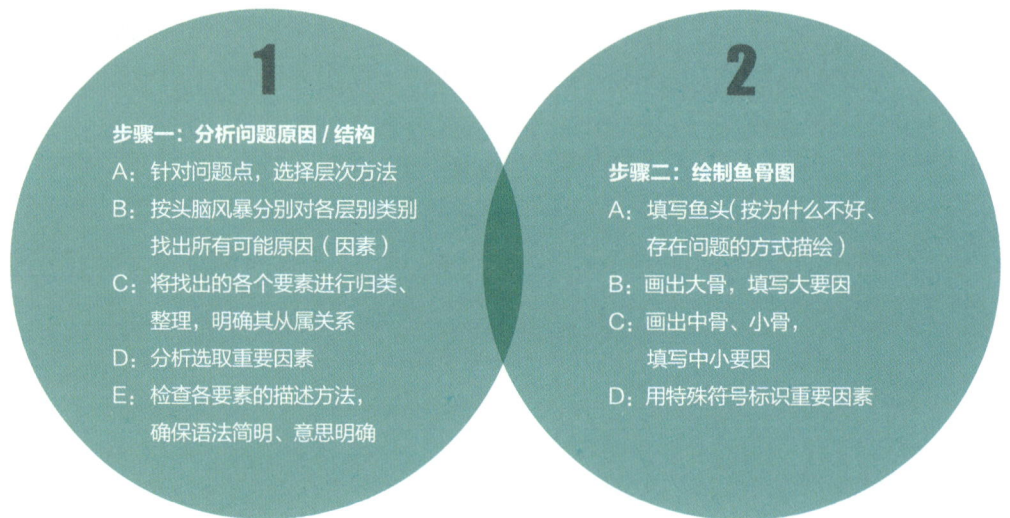

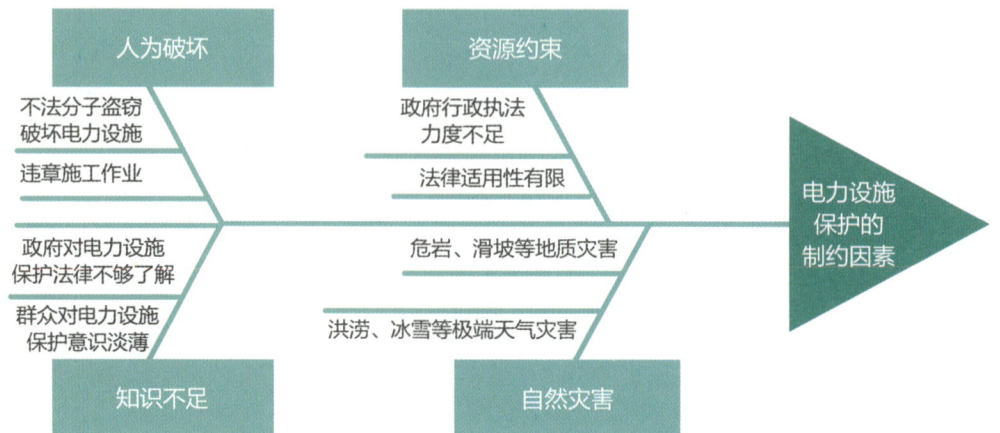

1

步骤一：分析问题原因／结构

A：针对问题点，选择层次方法

B：按头脑风暴分别对各层别类别
　　找出所有可能原因（因素）

C：将找出的各个要素进行归类、
　　整理，明确其从属关系

D：分析选取重要因素

E：检查各要素的描述方法，
　　确保语法简明、意思明确

2

步骤二：绘制鱼骨图

A：填写鱼头（按为什么不好、
　　存在问题的方式描绘）

B：画出大骨，填写大要因

C：画出中骨、小骨，
　　填写中小要因

D：用特殊符号标识重要因素

人为破坏

资源约束

不法分子盗窃
破坏电力设施

政府行政执法
力度不足

违章施工作业

法律适用性有限

政府对电力设施
保护法律不够了解

危岩、滑坡等地质灾害

电力设施
保护的
制约因素

群众对电力设施
保护意识淡薄

洪涝、冰雪等极端天气灾害

知识不足

自然灾害

5W1H 分析工具

5W1H就是对选定的项目、工序或操作，都要从原因（Why）、对象（What）、地点（Where）、时间（When）、人员（Who）、方法（How）等六个方面提出问题进行思考。

5W1H分析法提供了科学的工作分析方法，常常被运用到制定计划草案上和对工作的分析与规划中，并能使工作有效地执行，从而提高效率。

5W1H分析法可以周密考虑项目执行设计的所有因素，这对于制定社会责任边界优化方案具有很好的参考价值。

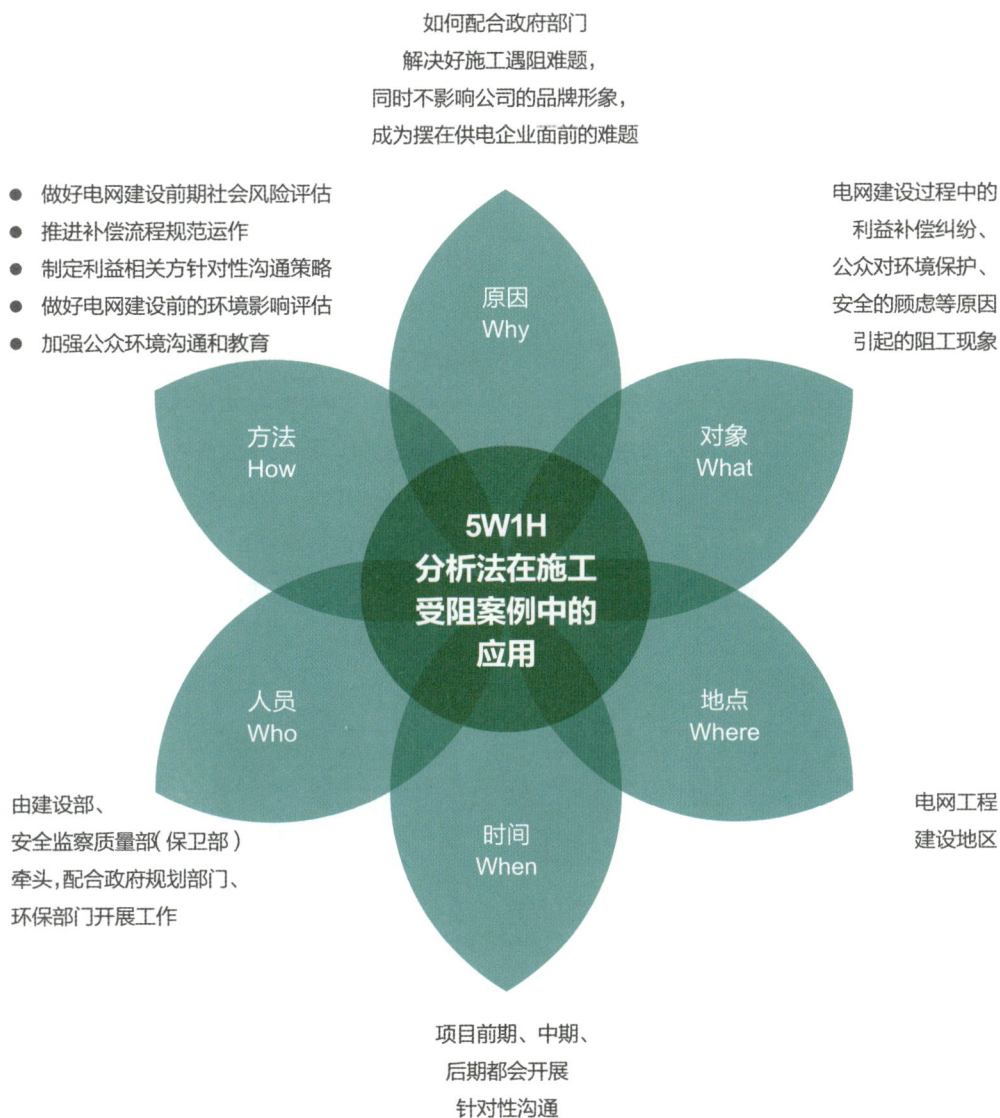

如何配合政府部门
解决好施工遇阻难题，
同时不影响公司的品牌形象，
成为摆在供电企业面前的难题

- 做好电网建设前期社会风险评估
- 推进补偿流程规范运作
- 制定利益相关方针对性沟通策略
- 做好电网建设前的环境影响评估
- 加强公众环境沟通和教育

电网建设过程中的
利益补偿纠纷、
公众对环境保护、
安全的顾虑等原因
引起的阻工现象

原因
Why

方法
How

对象
What

**5W1H
分析法在施工
受阻案例中的
应用**

人员
Who

地点
Where

由建设部、
安全监察质量部（保卫部）
牵头，配合政府规划部门、
环保部门开展工作

时间
When

电网工程
建设地区

项目前期、中期、
后期都会开展
针对性沟通

责任边界
评价工具

责任边界评价工具包

对于社会责任边界的优化效果，需要建立一套行之有效的评价体系：一方面将内外部利益相关方纳入评价体系，清晰地对比优化前后利益相关方的需求的满足程度，进而有效评估解决方案的效果；另一方面采取动态评估的形式，在优化方案开展的前期、中期和后期均进行评估，进而及时根据评价反馈调整方案，从根本上保障边界问题的顺利解决。

社会责任边界管理成效评价指标体系与评估表

指标项	具体指标	实施阶段		
		前期	中期	后期
边界管理机制	是否建立边界管理的组织体系	√		
	是否有专门的团队或人员负责边界管理	√		
	该边界问题涉及的各利益相关方职责是否明确	√		
	是否建立边界管理的流程和程序	√		
	是否举办边界管理的培训和会议	√		
	是否编制边界管理的案例或手册	√		
解决方案进展情况	是否有足够的资源保障解决方案实施		√	
	是否在解决过程中促进了利益相关方参与		√	
	利益相关方在解决过程中扮演的角色是什么		√	
	利益相关方采取了哪些参与方式		√	
解决方案实施成效	边界管理实施中的各项指标实现情况		√	√
	外部利益相关方（政府、公众、周边居民）对实施方案的评价		√	√
	内部利益相关方（各业务部门）对实施方案的评价		√	√

评估
阶段

评估
目的

评估
内容

评估
方法

议题实施前
议题实施中
议题实施后

评估
优化方案的
实施成效

边界管理机制建设情况
解决方案的进展情况
解决方案带来的成效

座谈
一对一访谈
资料分析
抽样调查
现场考察
问卷调查